◆ 本书出版得到国家文物保护专项经费资助 ◆

浙江省文物考古研究所公共考古与图录　第 48 号

过渡·转变

黄岩沙埠窑出土文物集萃

编著　浙江省文物考古研究所
台州市黄岩区博物馆
北京大学考古文博学院

文物出版社

图书在版编目（CIP）数据

过渡·转变：黄岩沙埠窑出土文物集萃 / 浙江省文物考古研究所, 台州市黄岩区博物馆, 北京大学考古文博学院编著. -- 北京：文物出版社, 2023.12
　ISBN 978-7-5010-8234-6

　Ⅰ.①过… Ⅱ.①浙… ②台… ③北… Ⅲ.①瓷器（考古）—出土文物—台州 Ⅳ.①K876.34

中国国家版本馆CIP数据核字（2023）第205643号

浙江省文物考古研究所公共考古与图录　第48号

过渡·转变——黄岩沙埠窑出土文物集萃

编　　著　浙江省文物考古研究所
　　　　　台州市黄岩区博物馆
　　　　　北京大学考古文博学院

责任编辑　谷艳雪　王　媛
责任印制　张　丽
责任校对　陈　婧

出版发行　文物出版社
社　　址　北京市东城区东直门内北小街2号楼
邮政编码　100007
网　　址　http://www.wenwu.com
经　　销　新华书店
制版印刷　天津图文方嘉印刷有限公司
开　　本　889mm×1194mm　1/16
印　　张　19.75
版　　次　2023年12月第1版
印　　次　2023年12月第1次印刷
书　　号　ISBN 978-7-5010-8234-6
定　　价　480.00元

目 录

北宋中期末段

北宋中期末段至北宋晚期前段 |

北宋晚期后段 |

北宋末至南宋初

南宋早期

黄岩沙埠窑址群考古发掘的主要收获与认识

谢西营（浙江省文物考古研究所）

台州地处东海之滨，北接宁波，南邻温州，西邻丽水、金华。台州地区的瓷窑址分布范围很广，地域内制瓷历史可上溯至东汉时期，繁盛于东晋、晚唐和北宋中晚期。考古资料显示，台州地区唐宋时期的窑业遗存主要分布于临海、温岭和黄岩地区，其中临海地区以五孔岙、王安山、西洋里、梅浦、许墅窑址为代表，温岭地区以下圆山窑址群为代表，黄岩地区以沙埠窑址群为代表。

截至目前，对台州地区唐宋时期窑址的考古工作仍以调查为主，仅黄岩沙埠窑址群做过系统区域考古调查和阶段性考古发掘工作。以下结合最新考古资料，对黄岩沙埠窑址群考古调查和考古发掘的主要收获进行简要介绍。

一、早期考古调查

沙埠窑址群位于浙江省台州市黄岩区沙埠镇和高桥街道，文物工作者对该窑址群的考古调查工作始于 1956 年。

1956 年，浙江省文物管理委员会对黄岩秀岭水库六朝墓葬进行考古发掘时，当地群众反映沙埠乡雪溪村（今青瓷村）一带存在青瓷窑址。墓葬发掘工作结束后，朱伯谦、冯信敖、金祖明等对这一区域内的窑址进行了实地调查，共发现窑址 8 处，分别为竺（竹）家岭、牌坊山、瓦屑堆、金家岙、下山头、双板桥、俞成庙和麻车窑址，并根据器物特征将其归于越窑系统，时代暂定为五代或宋代。[1]1958 年，牟永抗于麻车村磁山上又发现一处窑址。

---

1 金祖明：《浙江黄岩古代青瓷窑址调查记》，《考古通讯》1958 年第 8 期。

20世纪80年代，牟永抗等曾先后对沙埠窑址群进行实地考察。1989年，任世龙、沈岳明带队赴黄岩对沙埠窑址群进行专题调查，并据调查资料将该区域内的窑业历史划分为二期三段，将其特征归纳为"早期制品多素面，底足为玉璧形浅宽平底，用泥点支烧；后期逐渐流行刻划花装饰，器皿的形制及刻划花纹样技法明显地仿金银器风格"，并将其窑业技术与龙泉窑和耀州窑进行了对比。[2]1990年，金祖明结合早期窑址调查资料，对台州地区窑业遗存的位置、产品构成、产品外运等问题进行了专题梳理。[3]

20世纪90年代，相传在日本、菲律宾、马来西亚等国家先后出土了一批晚唐至北宋时期的青瓷碗、壶等器物标本，经鉴定认为系沙埠窑产品。为此，1992年国家文物局专门组织日本、捷克等五国古陶瓷专家到黄岩考察沙埠青瓷窑址。

此外，当地文物工作者也对黄岩地区窑址进行过考古调查，并发表了相关调查报告。[4]

二、2018 年主动性考古调查

2018年9～10月，为全面了解沙埠青瓷窑址的分布、产品构成、窑业技术与时代等情况，并为制订《黄岩沙埠青瓷窑址2019年考古发掘与保护方案》做好基础工作，浙江省文物考古研究所与黄岩区博物馆联合对沙埠窑址群进行了主动性考古调查。[5]

本次考古调查历时两个月，共发现窑址点9处，分别为金家岙堂、窑坦、凤凰山、瓦瓷窑、下山头、下余、竹家岭、牌坊山和岙口窑址（表1）。其中牌坊山和岙口窑址为本次考古调查新发现的窑址点，另外7处窑址点已总体归入第八批全国重点文物保护单位沙埠青瓷窑址。

2　任世龙：《浙南瓷业遗存类型初析》，载《瓷路人生——浙江瓷窑址考古的实践与认识》，文物出版社，2017年，第190、191页。

3　金祖明：《台州窑新论》，《东南文化》1990年第6期。

4　宋梁：《黄岩宋代青瓷窑址调查》，载《东方博物（第四十二辑）》，浙江大学出版社，2012年。

5　王好：《黄岩下山头窑址调查》，载《东方博物（第七十三辑）》，中国书店，2019年；浙江省文物考古研究所、黄岩区博物馆：《浙江台州市黄岩区沙埠镇凤凰山窑址考古调查简报》，《华夏考古》2020年第6期。

表1　沙埠窑址群信息表（2018年调查资料）

序号	窑址名称	时代	产品
1	金家岙堂	晚唐、北宋中晚期	青釉、酱釉
2	窑坦	晚唐、北宋中晚期	青釉
3	凤凰山	北宋中晚期	青釉、酱釉
4	瓦瓷窑	北宋中晚期	青釉
5	下山头	北宋中晚期	青釉、酱釉
6	下余	北宋中晚期	青釉、酱釉
7	竹家岭	北宋中晚期	青釉、酱釉
8	牌坊山	北宋中晚期	青釉
9	岙口	北宋中期	青釉

调查资料显示，这一区域内的窑业生产始于晚唐时期。晚唐时期的窑址点发现有金家岙堂和窑坦两处，窑业生产规模较小，产品类型单一，器物仅限于玉璧底碗等。

五代至北宋早期的窑业遗存尚未发现。

至北宋中期，这一区域的窑业生产达到鼎盛，所发现的9处窑址点均有烧造。产品器类丰富，可辨器形有碗、盘、执壶、钵、盏、杯、灯盏等。窑具有M形匣钵、钵形匣钵、筒形匣钵、圆形垫圈和喇叭形垫圈等。胎釉质量较高，灰白色胎，青釉。器物内腹部及内底饰粗刻划花卉纹，可辨纹样有蕉叶纹、水波纹等。

北宋晚期，窑业生产仍然繁盛。所发现的9处窑址点，除岙口窑址以外，均继续生产。产品器类丰富，可辨器形有碗、盘、执壶、盏、杯、钵等。窑具有M形匣钵、钵形匣钵、筒形匣钵、圆形垫圈和喇叭形垫圈等。胎釉质量较高，灰白色胎，青釉。碗类产品普遍流行双面刻划花工艺，外腹饰折扇纹，内腹饰篦划纹或篦点纹；盘类产品内腹及内底满饰花卉纹，间以篦点纹或篦划纹。从现场调查情况来看，装烧工艺基本为单件烧、垫圈垫烧、匣钵装烧。

结合调查资料，北宋中晚期应是沙埠窑址群窑业面貌最为复杂，同时也是最具学术价值的时期。按照文化因素分析方法来看，北宋中期沙埠窑址群的青瓷类产品可归为越窑系，该类产品无论是从器形、纹样，还是从装烧工艺来看，均与以慈溪上林湖为中心的越窑核心区的窑业面貌保持一致[6]；酱釉类产品或与同时期定窑酱釉类器物（紫定）存在某种窑业技术交流[7]。北宋晚期，窑业面貌发生变化，青瓷类产品装烧工艺仍延续之前的垫圈支烧方式，但是装饰技法已演变为双面刻划花（外腹折扇纹，内腹篦划纹或篦点纹），而该类装饰技法为北宋晚期龙泉窑的典型工艺[8]，同时该类装饰纹样或与耀州窑也存在某种窑业技术方面的交流。

三、2019～2022 年主动性考古发掘

2019～2022 年，浙江省文物考古研究所联合黄岩区博物馆、北京大学等单位对沙埠窑址群内的竹家岭窑址、凤凰山窑址进行了主动性考古发掘，取得了重要收获。[9]

（一）竹家岭窑址

竹家岭窑址位于浙江省台州市黄岩区沙埠镇青瓷村与廿四都村交界地区，是沙埠青瓷窑址群内最具代表性的窑址点之一。

1. 2019 年

2019 年，为全面了解沙埠窑址青瓷的窑业生产历史与价值，并为考古遗址公园建设提供学术支撑，经由国家文物局批准，浙江省文物考古研究所、北京大学和黄岩区博物馆联合对竹家岭窑址进行了主动性考古发掘（考执字〔2019〕第 198 号）。2019 年的发掘区域主要集中于竹家岭窑址的窑炉区域和废品堆积区域（图1）。

（1）窑炉区域

窑炉区域揭露出规模庞大的龙窑窑炉，为浙江地区目前已发掘的两宋时期保存最完好、结构最清晰的窑炉遗迹。

窑炉编号 Y1，为依山而建的龙窑（图2）。除火膛部分为砖砌，整

---

6 谢西营：《北宋中期越窑瓷业技术传播及相关问题研究》，《东南文化》2018 年第 6 期。

7 河北省文物研究所、北京大学考古文博学院、曲阳县定窑遗址文保所：《河北曲阳县涧磁岭定窑遗址 A 区发掘简报》，《考古》2014 年第 2 期；秦大树、高美京、李鑫：《定窑涧磁岭窑区发展阶段初探》，《考古》2014 年第 3 期。

8 浙江省文物考古研究所、龙泉青瓷博物馆：《浙江龙泉金村青瓷窑址调查简报》，《文物》2018 年第 5 期；谢西营：《龙泉窑双面刻划花工艺的流布及相关问题》，载《两宋之际的中国制瓷业》，文物出版社，2019 年。

9 谢西营、秦大树、林杰：《浙江台州黄岩沙埠窑址群》，载《2020 中国考古新发现》，文物出版社，2021 年。

图 1 │ 2019 年沙埠竹家岭窑址发掘区全景

图 2 │ 竹家岭窑址 Y1 全景

体为匣钵交错叠砌而成，窑墙砖与砖、匣钵与匣钵之间均由黏土粘牢，匣钵内均由黏土及匣钵片填实。保存较好，由窑前操作间（图3）、火门、火膛（图4）、窑室、窑门（图5、图6）、排烟室（图7）及窑床两侧的柱础石、护墙等组成。窑门均开于窑炉东壁。窑顶以砖块砌成，已坍塌（图8）。炉体斜长 72.32 米，水平长约 70.66 米，坡度大小前后段不等，前段约 11°，中部 11°~14°，后段约 13°。炉体近火膛处宽 1.16 米，往后逐渐加宽，中段最宽处约 2.22 米，此后又略收窄，至后壁变成 1.28 米。炉体残高 0.82 米。窑床上残留大量窑具（图9），部分匣钵内残留瓷器。

（2）废品堆积区域

废品堆积区揭露出丰厚的地层堆积，出土了大量瓷器和窑具标本，为探索沙埠窑址窑业生产技术提供了丰富的资料。结合废品堆积区（图10、图11）两个探方的发掘，可知竹家岭窑址窑业生产始于北宋中期末段，终于南宋早期，器物产品以青瓷为主，另有少量酱釉和釉下褐彩瓷器。

图 3 | 竹家岭窑址 Y1 窑前操作间

图 4 | 竹家岭窑址 Y1 火膛

图 5 ｜
竹家岭窑址 Y1 的 3 号窑门

图 6 ｜
竹家岭窑址 Y1 的 5 号窑门

图 7 ｜
竹家岭窑址 Y1 排烟室

图 8 | 竹家岭窑址 Y1 窑顶坍塌碎块

图 9 | 竹家岭窑址 Y1 窑床窑具分布

图 10｜竹家岭窑址 TN03E02 东壁剖面

图 11｜竹家岭窑址 TN03E03 西壁剖面

结合考古地层学和类型学排比，我们大致将竹家岭窑址窑业生产历史分为五期，年代分别对应为北宋中期末段、北宋中期末段至北宋晚期前段、北宋晚期后段、北宋末期至南宋初期和南宋早期（表2）。

表2 竹家岭窑址地层分组与分期表

序号	分组（期）	地层	年代
1	第一组（期）	TN03E02 ⑨~⑦	北宋中期末段
2	第二组（期）	TN03E02 ⑥、TN03E03 ⑪	北宋中期末段至北宋晚期前段
3	第三组（期）	TN03E02 ⑤、TN03E03 ⑩~⑦	北宋晚期后段
4	第四组（期）	TN03E02 ④~③、TN03E03 ⑥~②	北宋末期至南宋初期
5	第五组（期）	Y1、Y1 ①	南宋早期

12

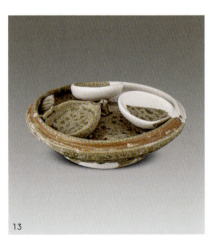

13

第一期，青瓷产品面貌部分与同时期的越窑相似，但也具自身特色与创造，器类主要为碗（图12）、盘、执壶、折沿盆、罐、盒（图13）等。普遍流行内腹单面刻划花，纹样类型丰富、刻划精细，以婴戏纹（图14、15）、凤凰纹（图16、17）、鹦鹉纹（图18）最为精彩。装烧工艺为匣钵装烧、一匣一器（图19）、垫圈垫烧。

14

15

16

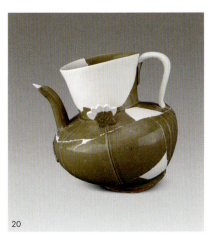

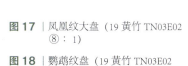

图 17 ｜凤凰纹大盘（19 黄竹 TN03E02
⑧：1）

图 18 ｜鹦鹉纹盘（19 黄竹 TN03E02
⑨：17）

图 19 ｜装烧标本（19 黄竹 TN03E02
⑨：129）

图 20 ｜执壶（19 黄竹 TN03E02
⑥：2）

图 21 ｜夹层碗（19 黄竹 TN03E02
⑥：38）

图 22 ｜双面刻划花碗（19 黄竹 TN03E02
⑥：133）

图 23 ｜双面刻划花碗（19 黄竹 TN03E02
⑥：135）

图 24 ｜装烧标本（19 黄竹 TN03E02
⑥：85）

　　第二期，青瓷产品器类有碗、盘、执壶（图 20）、夹层碗（图 21）、罐、盏等。绝大部分延续第一期的风格，但装饰方面开始出现双面刻划花（图22、23），其中外腹折扇纹，布局规则舒朗；内腹刻划花，填以篦划纹。装烧工艺与第一期相同，仍为匣钵装烧、一匣一器（图 24）、垫圈垫烧。

第三期，青瓷产品器类有碗、盘、夹层碗（图25）、熏炉、多管形器等。装饰技法普遍流行双面刻划花（图26、27），特征与第二期相同，外腹折扇纹，布局规则舒朗；内腹刻划花，填以篦划纹或篦点纹。装烧工艺延续第二期。

第四期，青瓷产品器类单一，主要为碗（图28~30）和盘。装饰技法仍流行双面刻划花，但外腹折扇纹转变为4~6道为一组对称分布。装烧工艺仍延续第三期。

第五期，青瓷产品器类单一，主要为碗（图31、32）。流行内腹单面刻划花，主要为菊瓣纹。装烧工艺仍为匣钵装烧、一匣一器、垫圈垫烧。

除上述青瓷产品以外，还发现少量酱釉瓷器和釉下褐彩瓷器。酱釉瓷器在第一期就已少量出现，一直延续至第五期，器类较丰富，以碗（图33、34）为主，另有盒、罐、炉（图35）、瓶（图36、37）、执壶等，胎体轻薄，制作精致。褐彩瓷器流行于第一、二、五期，器类单一，仅有执壶（图38）。

图25 ｜ 夹层碗（19 黄竹 TN03E03 ⑧：68）

图26 ｜ 双面刻划花碗（19 黄竹 TN03E03 ⑧：39）

图27 ｜ 双面刻划花碗（19 黄竹 TN03E03 ⑧：40）

图28 ｜ 双面刻划花碗（19 黄竹 TN03E02 ④：66）

图29 ｜ 双面刻划花碗（19 黄竹 TN03E02 ④：63）

图30 ｜ 双面刻划花碗（19 黄竹 TN03E02 ④：62）

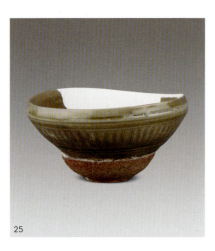
25

26

27

28

29

30

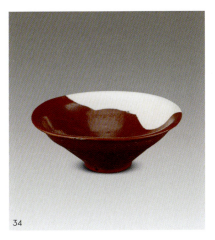

图 31｜碗（19 黄竹 Y1：12）

图 32｜碗（19 黄竹 Y1：4）

图 33｜碗（19 黄竹 TN03E03 ⑧：136）

图 34｜碗（19 黄竹 TN03E03 ⑧：135）

图 35｜炉（19 黄竹 TN03E03 ⑦：38）

图 36｜瓶（19 黄竹 TN03E02 ⑥：270）

图 37｜瓶（19 黄竹 Y1 ①：64）

图 38｜褐彩执壶（19 黄竹 Y1 ①：66）

2. 2021~2022 年

2021~2022 年，为配合竹家岭龙窑遗迹（Y1）保护展示棚建设（文物保函〔2020〕第 680 号），同时完善沙埠窑业生产操作链，经由国家文物局批准，浙江省文物考古研究所、北京大学和黄岩区博物馆联合对竹家岭窑址保护棚建设区域和作坊区域进行了主动性考古发掘（考执字〔2021〕第127号、考执字〔2022〕第86号）。
2021~2022年的发掘区域主要集中于窑炉保护棚建设区域（Y1西侧）
和作坊区域（图39）。

（1）保护棚建设区域

窑炉保护棚排水沟建设区域位于Y1西侧。该区域新发掘揭露出龙窑
窑炉1条，编号为Y2，位于Y1西侧，与Y1呈平行状（图40）。窑炉斜

图39 | 2021～2022年竹家岭窑址发掘区全景

图40 | 竹家岭窑址Y2全景

长53米，南北走向，保存状况较好，由窑前操作间、火膛、窑床、排烟室等组成。该窑炉形制较为特殊，双侧开窑门，前部窑门开于西侧，共5个；后部窑门开于东侧，共4个。窑炉上部叠压有厚约2米的废品堆积。结合地层中出土遗物特征，Y2的使用时间应为北宋中期末段至北宋晚期后段。通过对Y2的发掘，亦大致可以确定Y1的使用时间为北宋末期至南宋早期。

此外，Y2前部和西侧中部窑门区揭露出四道匣钵挡墙，应为Y2窑炉烧造区和废品堆积区的范围界墙，墙体之间还有通道连接两个区域。

在浙江地区以往的瓷窑遗址考古发现中，年代不同的龙窑窑炉多集中于同一位置，采取不断修整、层层叠压的方式连续使用。竹家岭龙窑窑炉出现的这类平行分布、早晚移位的方式，突破了以往的认识，为窑址考古工作提供了新的经验。

（2）作坊区域

作坊区域位于窑炉区域南部的平坦区域，该区域的考古发掘工作目前仍在进行中，已发现有淘洗池、辘轳坑、储泥坑、房址、工作面、窑场界墙等（图41~43）。作坊遗迹的发现有助于完善窑业生产操作链，为后续的整体研究和保护展示提供基础材料。

图41 | 竹家岭窑址 K1（淘洗池）

图 42 ｜ 竹家岭窑址 K2（辘轳坑）、K3（储泥池）、F1（房址）

图 43 ｜ 竹家岭窑址 Q1（窑场界墙）

（二）凤凰山窑址

2020 年，浙江省文物考古研究所、黄岩区博物馆等单位联合对沙埠青瓷窑址群的凤凰山窑址进行了主动性考古发掘工作（考执字〔 2020 〕第 156 号），发掘区域主要为窑炉区域和废品堆积区域（图 44）。

1. 窑炉区域

窑炉区域揭露出两条具有叠压关系的龙窑窑炉（编号为 Y1、Y2），其中 Y1 斜长 35.9 米、Y2 斜长 50.4 米（图 45）。

本次发掘明确了凤凰山窑场生产的四个阶段（范围），呈现出窑场范围不断缩小的趋势，揭示了窑场的动态生产过程。其中第三阶段的窑场界墙（北墙和东墙）保存较为完整。于东北部发现一处"八"字形缺口，应为当时窑场的出入口。

图 44 ｜ 2020 年黄岩沙埠凤凰山窑址发掘区全景　　　　图 45 ｜ 凤凰山窑址 Y1、Y2 全景

2. 废品堆积区域

废品堆积区揭露出较为理想的地层堆积（图46），出土了瓷器（图47）、窑具等大量遗物，基本构建起北宋中期（早段和晚段）至北宋晚期

图 46 ｜ TN02E01 东壁剖面

图 47 ｜ 香炉（外腹"熙宁三月日""弟子吴草""隻入宫口"）

表3　凤凰山窑址地层分组与分期表

序号	分组（期）	地层	年代
1	第一组（期）	TN02E01 ㉔～⑱	北宋中期早段
2	第二组（期）	TN02E01 ⑰～⑦、 TN02E02 ⑭～⑥、 TN02E05 ⑮～②、 TN01E05 ⑨～②	北宋中期晚段
3	第三组（期）	TN02E01 ⑥～③、 TN02E02 ⑤～③	北宋中期末段至 北宋晚期

的年代序列（表3）。尤其是细化了北宋中期的年代分期，在地层上填补了沙埠窑址北宋中期早、晚段的年代空白，为探索窑场烧造历史、产品结构及窑业技术等提供了翔实的资料。

四、结语

通过近五年的系统性考古调查与发掘工作，依托竹家岭窑址和凤凰山窑址的发掘成果，我们基本构建起沙埠窑自北宋中期至南宋早期的年代序列，划分为七期（北宋中期早段、北宋中期晚段、北宋中期末段、北宋中期末段至北宋晚期前段、北宋晚期后段、北宋末至南宋初、南宋早期），并初步构建起沙埠窑备料、成型、烧成、废弃的窑业生产操作链。从窑业技术交流与传播视角观察，北宋中晚期沙埠窑作为越窑瓷业技术南传、龙泉窑瓷业技术渊源，作为两大瓷业技术衔接与过渡重要地带的学术价值日益凸显。此外，从文化因素分析方法来看，北宋中晚期的沙埠窑瓷业风格面貌复杂丰富，对于探索这一时期越窑、龙泉窑、定窑、耀州窑乃至瓯窑等瓷业技术的交流模式与途径具有重要学术价值。

此外，黄岩沙埠窑址的考古发掘将会深入对沙埠青瓷的整体认识，在此基础上可以对海内外出土的沙埠窑青瓷进行甄别与鉴定，构建起沙埠窑生产、流通、消费的贸易网络，更可为"一带一路"建设提供丰富的基础材料。

（本文原刊于《故宫博物院院刊》2023年第5期，略有修改）

北宋中期早段

过渡
转变

黄 岩 沙 埠 窑 出 土 文 物 集 萃

◆ 青釉瓷碗

20 黄凤 TN02E01 ⑱：1

口径 20、足径 10.3、高 12.4 厘米

可复原。圆唇，敞口，口呈花瓣形，斜曲腹，圈足外撇。外腹对应花口处压短竖线以间隔开光花卉纹，近底处饰仰莲瓣纹；内底饰弦纹一圈。灰胎，胎质较细。青釉，通体施釉。外底心残留垫圈支烧痕迹。

0   2厘米

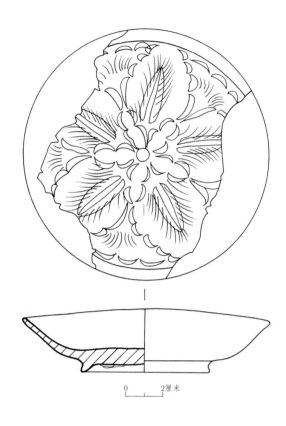

◆ 青釉瓷盘

20 黄凤 TN02E01 ⑲：1

口径 13.5、足径 7、高 3.4 厘米

可复原。尖圆唇，敞口，斜曲腹，圈足外撇。
外腹素面，内腹及内底粗刻划五瓣花蕉叶纹。
灰胎，胎质较细。青釉，通体施釉。外底心残
留垫圈支烧痕迹。

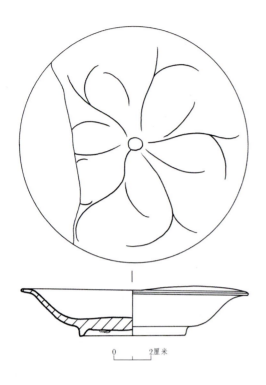

◆ 青釉瓷盘

20 黄凤 TN02E01 ⑲：2

口径 12.5、足径 5.8、高 2.6 厘米

可复原。尖圆唇，侈口，斜曲腹，圈足。外腹素面，内底细线划荷叶纹。灰胎，胎质较细。青釉，通体施釉。外底心残留垫圈支烧痕迹。

0   2厘米

北宋中期晚段

过渡
转变

黄岩沙埠窑出土文物集萃

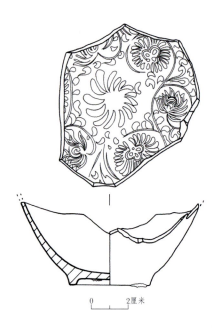

◆ 青釉瓷碗

20 黄凤 TN01E04 ⑤：21

足径 4.4、残高 4.3 厘米

不可复原。仅余下腹部及圈足。斜直腹，圈足。外腹素面，内腹及内底压印花卉纹。灰胎，胎质较细。青釉，通体施釉。外底心残留垫圈支烧痕迹。

◆ 青釉瓷碗

20 黄凤 TN01E05 ⑤ ：1

口径 12、足径 5.3、高 6.9 厘米

可复原。圆唇，敞口，口呈花瓣形，斜曲腹，
圈足，外腹对应花口处压短竖线以间隔刻划开
光花卉纹，内底及内腹各饰弦纹一圈。灰胎，
胎质较细。青釉，通体施釉。外底心残留垫圈
支烧痕迹。

0   2厘米

◆ 青釉瓷碗

20 黄凤 TN01E05 ⑥：2

口径 12.2、足径 4.8、高 5.4 厘米

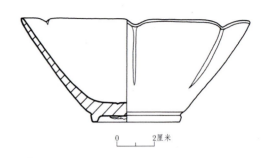

可复原。圆唇，敞口，口呈花瓣形，斜直腹，
圈足。外腹对应花口处压竖线。灰胎，胎质较细。
青釉，通体施釉。外底心残留垫圈支烧痕迹。

◆ 青釉瓷碗

20 黄凤 TN01E05 ⑥：4

口径 14.6、足径 7.2、高 8.4 厘米

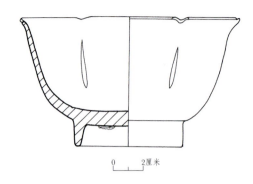

可复原。圆唇，侈口，口呈花瓣形，斜曲腹，高圈足。外腹对应花口处压短竖线。灰胎，胎质较细。青釉，通体施釉。外底心残留垫圈支烧痕迹。

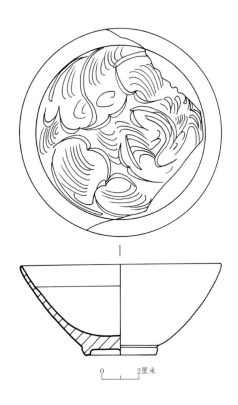

◆ 青釉瓷碗

20 黄凤 TN02E01 ①：2

口径 10.7、足径 3.9、高 4.7 厘米

可复原。圆唇，敞口，斜曲腹，圈足。外腹素面，内腹及内底饰海水摩羯纹。灰胎，胎质较细。青釉，通体施釉。外底心残留垫圈支烧痕迹。

0   2厘米

◆ 青釉瓷碗

20 黄凤 TN02E01 ⑦ : 7

口径 16.2、足径 6.6、高 8.3 厘米

可复原。圆唇，侈口，斜曲腹，圈足。外腹素面，内腹近口沿处饰弦纹一圈。灰胎，胎质较细。青釉偏黄，通体施釉。外底心残留垫圈支烧痕迹。

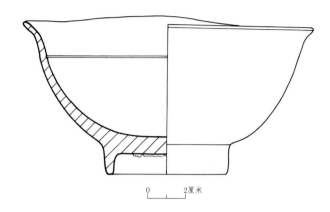

0   2厘米

◆ 青釉瓷碗

20 黄凤 TN02E01 ⑦：8

口径 15.3、足径 6.6、高 8.6 厘米

可复原。圆唇，侈口，口呈花瓣形，斜曲腹，圈足。外腹对应花口处压短竖线以间隔粗刻划开光花卉纹，内腹近口沿处及内底各饰弦纹一圈。灰胎，胎质较粗。青釉，通体施釉。外底心残留垫圈支烧痕迹。

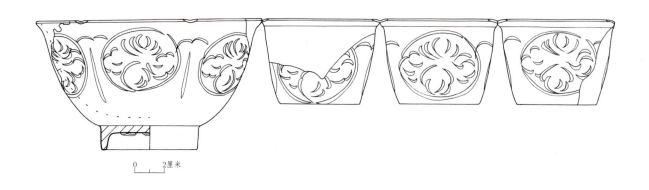

◆ 青釉瓷碗

20 黄凤 TN02E01 ⑦：9

口径 14.9、足径 6.4、高 8.7 厘米

可复原。圆唇，侈口，口呈花瓣形，斜曲腹，圈足。外腹对应花口处压短竖线以间隔粗刻划开光花卉纹，内底饰弦纹一圈。灰胎，胎质较细。青釉，通体施釉。外底心残留垫圈支烧痕迹。

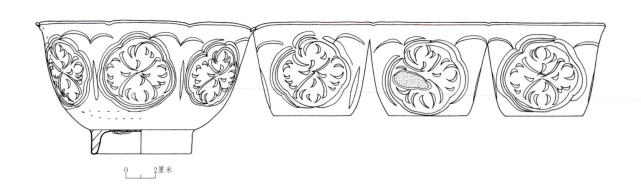

0   2厘米

◆ 青釉瓷碗

20 黄凤 TN02E01 ⑬：1

口径 12、足径 4.4、高 5 厘米

可复原。圆唇，敞口，斜曲腹，圈足。外腹素面，内底粗刻划五瓣花蕉叶纹。灰胎，胎质较细。青釉，通体施釉。外底心残留垫圈支烧痕迹。

0   2厘米

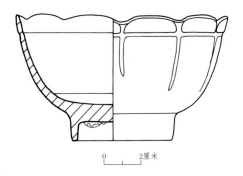

0 ———— 2厘米

◆ 青釉瓷碗

20 黄凤 TN02E01 ⑰：1

口径 11.6、足径 5.5、高 6.7 厘米

可复原。圆唇，口呈花瓣形，敞口，斜曲腹，圈足。外腹对应花口处压竖线，内底饰弦纹一圈。灰胎，胎质较细。青釉，通体施釉。外底心残留垫圈支烧痕迹。

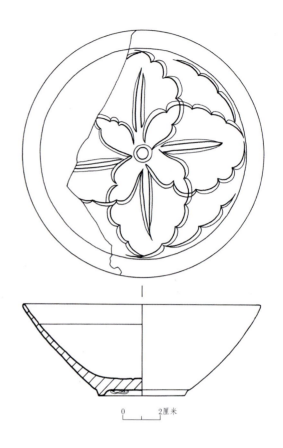

◆ 青釉瓷碗

20 黄凤 TN02E05 ⑤：12

口径 13、足径 4.7、高 4.9 厘米

可复原。圆唇，敞口，斜曲腹，圈足。外腹素面；内腹及内底粗刻划四瓣花卉纹，外饰两层蕉叶纹。灰胎，胎质较细。青釉，通体施釉。外底心残留垫圈支烧痕迹。

◆ 青釉瓷碗

20 黄凤 TN02E05 ⑨：10

口径 12、足径 4、高 4.9 厘米

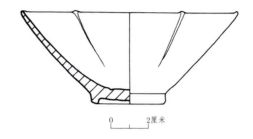

可复原。圆唇，敞口，口呈花瓣形，斜直腹，圈足。外腹对应花口处压竖线，内底饰弦纹一圈。灰胎，胎质较细。青釉偏黄，通体施釉。外底心残留垫圈支烧痕迹。

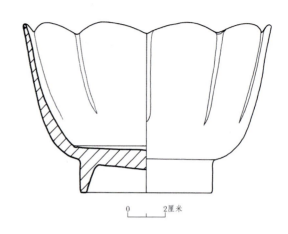

0   2厘米

◆ 青釉瓷碗

20 黄凤 TN02E05 ⑩：3

口径 13.4、足径 7.2、高 9.1 厘米

可复原。圆唇，敞口，口呈花瓣形，斜曲腹，高圈足。外腹对应花口处压竖线，内底饰弦纹一圈。灰胎，胎质较细。青釉偏黄，通体施釉。

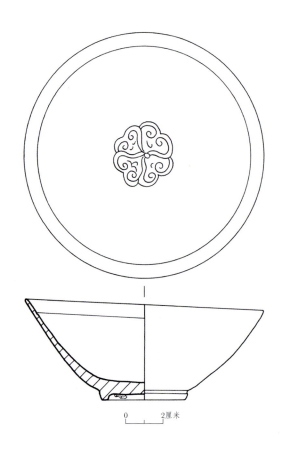

◆ 青釉瓷碗

20 黄凤 TN02E05 ⑪：13

口径 12.8、足径 4.6、高 5.3 厘米

可复原。圆唇，敞口，斜曲腹，圈足。外腹素
面，内腹饰弦纹一圈，内底粗刻划四瓣花卉纹。
灰胎，胎质较细。青黄釉，通体施釉。外底心
残留垫圈支烧痕迹。

◆ 青釉瓷盘

20 黄凤 TN02E01 ① : 1

口径 12.8、足径 6.6、高 3.3 厘米

可复原。圆唇，敞口，斜曲腹，圈足。外腹素
面；内腹及内底粗刻五瓣花卉纹，外饰两层蕉
叶纹，填以细线划花。灰胎，胎质较细。青釉，
通体施釉。外底心残留垫圈支烧痕迹。

0   2厘米

◆ 青釉瓷盘

20 黄凤 TN02E01 ⑦：1

口径 13.9、足径 5.6、高 4.4 厘米

可复原。圆唇，敞口，斜曲腹，圈足。外腹素面；内腹及内底粗刻划五瓣花卉纹，外饰两层蕉叶纹。灰胎，胎质较细。青釉，通体施釉。外底心残留垫圈支烧痕迹。

◆ 青釉瓷盘

20 黄凤 TN02E01 ⑦：2

口径 14.4、足径 5.3、高 4.6 厘米

可复原。圆唇，敞口，斜曲腹，圈足。外腹素
面；内腹近口沿处饰弦纹一圈；内腹及内底粗
刻划五瓣花卉纹，外饰两层蕉叶纹。灰胎，胎
质较细。青釉，通体施釉。外底心残留垫圈支
烧痕迹。

0   2厘米

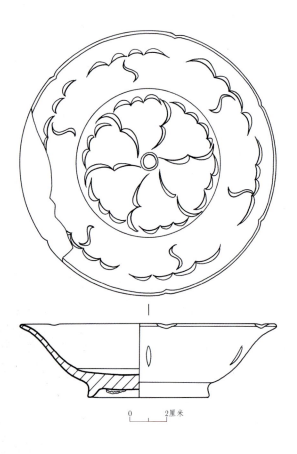

◆ 青釉瓷盘

20 黄凤 TN02E01 ⑦：3

口径 14.1、足径 6.7、高 3.9 厘米

可复原。圆唇，侈口，口呈花瓣形，斜曲腹，圈足。外腹对应花口处压短竖线；内腹刻划花瓣纹；内底饰弦纹一圈，内粗刻划团状六瓣花卉纹。灰胎，胎质较细。青釉，通体施釉。外底心残留垫圈支烧痕迹。

0 ___ 2厘米

青釉瓷盘

20 黄凤 TN02E01 ⑦：4

口径 14.5、足径 6、高 5.2 厘米

可复原。圆唇，侈口，口呈花瓣形，斜曲腹，圈足。外腹对应花口处压短竖线；内腹刻划花瓣纹；内底饰弦纹一圈，内粗刻划团状六瓣花卉纹。灰胎，胎质较细。青釉，通体施釉。外底心残留垫圈支烧痕迹。

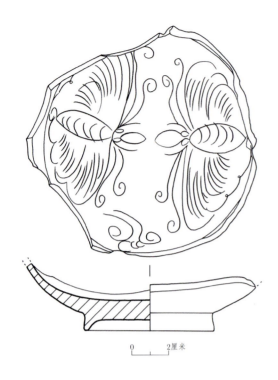

◆ 青釉瓷盘

20 黄凤 TN02E02 ① ：1

足径 7.2、残高 3.6 厘米

不可复原。失口部，斜曲腹，圈足足端微外撇。内底饰弦纹一圈，内刻划对蝶纹。灰白胎，胎质较细。青釉，通体施釉。外底心残留支烧痕迹。

0   2厘米

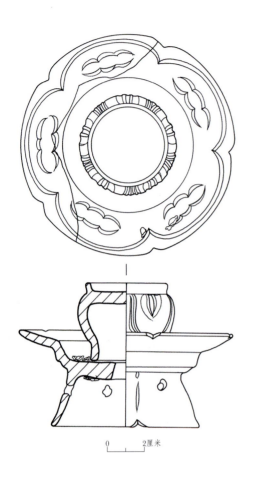

0   2厘米

◆ 青釉瓷盏托

20 黄凤 TN01E05 ① b ： 1

托盘口径 11.7、足径 8.2、高 7.6 厘米

可复原。托台呈倒扣杯状，鼓腹。托盘为圆唇，花口，宽沿，折腹，高圈足外撇，边沿呈花瓣形。托台外腹刻划覆莲瓣纹，盘沿粗刻划变形荷叶纹，圈足外腹对应花口处刻划竖线、对应花瓣处镂桃心形孔。灰胎，胎质较细。青釉，通体施釉。外底心残留垫烧痕迹。

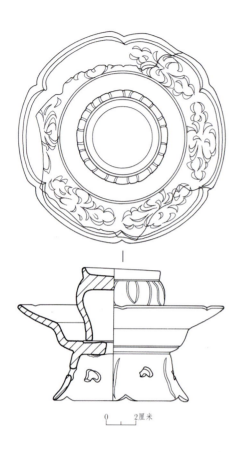

0   2 厘米

◆ 青釉瓷盏托

20 黄凤 TN01E05 ① b：2

托盘口径 14.2、足径 9.3、高 8.8 厘米

可复原。托台呈倒扣杯状，鼓腹。托盘为圆唇，花口、宽沿、折腹、高圈足外撇，边沿呈花瓣形。托台外腹刻划覆莲瓣纹，盘沿粗刻划花卉纹，圈足外腹对应花瓣处镂桃心形孔。灰胎，胎质较细。青釉，通体施釉。外底心残留垫烧痕迹。

◆ 青釉瓷盏托

20 黄凤 TN01E05 ②：1

托盘口径 12.1、足径 9.2、高 8.1 厘米

可复原。托台呈倒扣杯状，鼓腹。托盘为圆唇，花口，宽沿，折腹，高圈足外撇，边沿呈花瓣形。托台外腹刻划覆莲瓣纹，盘沿粗刻划变形荷叶纹，圈足外腹对应花口处刻划竖线。灰胎，胎质较细。青釉，通体施釉。外底心残留垫烧痕迹。

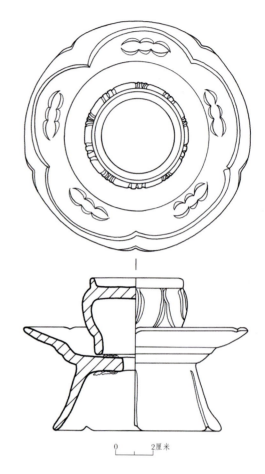

0   2厘米

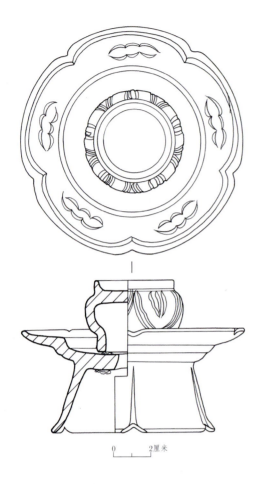

0 ____ 2厘米

青釉瓷盏托

20 黄凤 TN01E05 ② ：2

托盘口径 12.4、足径 9、高 8.2 厘米

可复原。托台呈倒扣杯状，鼓腹。托盘为圆唇，花口，宽沿，折腹，高圈足外撇，边沿呈花瓣形。托台外腹刻划覆莲瓣纹，盘沿粗刻划变形荷叶纹，圈足外腹对应花口处刻划竖线。灰胎，胎质较细。青釉，通体施釉。外底心残留垫烧痕迹。

◆ 青釉瓷盏托

20 黄凤 TN01E05 ⑥：1

托盘口径 12.1、足径 8.7、高 8.4 厘米

可复原。托台呈倒扣杯状，鼓腹。托盘为圆唇，花口，宽沿，高圈足外撇，边沿呈花瓣形。托台外腹刻划覆莲瓣纹，盘沿刻划开光花卉纹，圈足外腹对应花瓣处镂桃心形孔。灰胎，胎质较粗。青釉，通体施釉。外底心残留垫烧痕迹。

0   2厘米

◆ 青釉瓷盏

20 黄凤 TN01E05 ⑥：3

口径 8、足径 3.7、高 5.6 厘米

可复原。圆唇，侈口，口呈花瓣形，斜曲腹，高圈足外撇。外腹对应花口处压短竖线。灰胎，胎质较细。青釉，通体施釉。外底心残留垫圈支烧痕迹。

青釉瓷盏

20 黄凤 TN02E05 ⑤：35

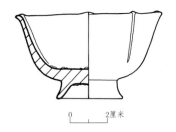

口径 8、足径 3.6、高 4.4 厘米

可复原。圆唇，侈口，口呈花瓣形，斜曲腹，圈足外撇。外腹对应花口处压竖线。灰胎，胎质较细。青釉，通体施釉。外底心残留垫圈支烧痕迹。

◆ 青釉瓷盏

20 黄凤 TN02E05 ⑪：20

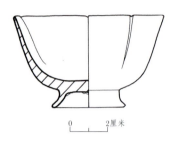

口径 8.2、足径 4、高 4.9 厘米

可复原。圆唇，敞口，口呈花瓣形，斜曲腹，圈足外撇。外腹对应花口处压竖线。灰胎，胎质较细。青釉，通体施釉。外底心残留垫圈支烧痕迹。

青釉瓷香炉

20 黄凤 TN01E01 ①：1

— 口径 16.6、残高 9.5 厘米

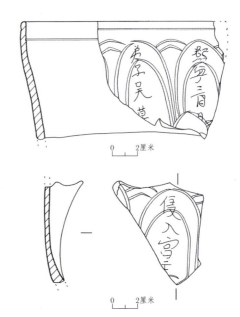

不可复原。口部碎片。圆唇，敛口，直腹，失
下部。外腹及内腹近口沿处各饰弦纹一圈，外
腹刻划多重仰莲瓣纹。灰胎，胎质较粗。青釉，
通体施釉。外腹刻划"熙宁三月日""弟子吴
草""隻入宫□"。

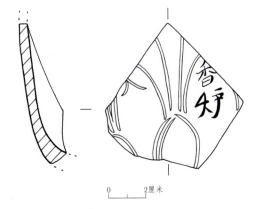

◆ 青釉瓷香炉

20 黄凤 TN01E05 ②：5

残高 7.7 厘米

不可复原。腹部碎片。失口沿，直腹，下腹渐收，失圈足。外腹刻划多重仰莲瓣纹。灰胎，胎质较粗。青釉，通体施釉。外腹刻划"香炉"。

◆ 青釉瓷香炉

20 黄凤 TN01E05 ② : 6

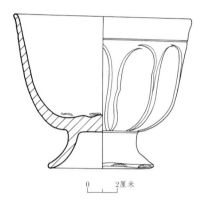

口径 12.3、足径 7.3、高 10.4 厘米

可复原。圆唇，直口，直腹，下腹斜收，高圈
足外撇。外腹近口沿处饰弦纹一圈，外腹刻划
仰莲瓣纹。灰胎，胎质较细。青釉，通体施釉。
足端及内底残留垫圈支烧痕迹。

青釉瓷香炉

20 黄凤 TN01E05 ⑦：1

口径 13.7、足径 9.3、高 14.9 厘米

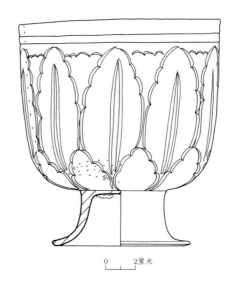

0   2厘米

可复原。圆唇，直口，直腹，下腹斜收，高圈足外撇。外腹近口沿处饰弦纹两圈，外腹刻划多重蕉叶纹。灰胎，胎质较细。青釉，通体施釉。外底心残留垫圈支烧痕迹，内底残留叠烧痕迹。

◆ 青釉瓷香炉

20 黄凤 TN02E05 ⑪：47

口径 9.5、足径 8、高 13.7 厘米

可复原。圆唇，直口，直腹，下腹斜收，足柱
凸出一周葵花形边饰。底座为双层，边沿上折，
边呈锯齿状，外底心中空。炉身外腹刻划多重
蕉叶纹，近底处饰一圈仰莲瓣纹。双层底座外
壁刻划海水纹。灰胎，胎质较细。青釉，通体
施釉。足端残留垫圈支烧痕迹。

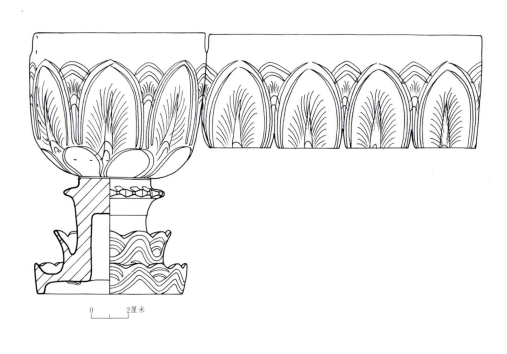

0　　2厘米

◆ 青釉瓷罐

20 黄凤 TN01E05 ② ：3、4

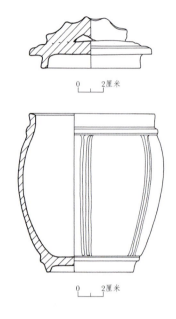

罐盖口径 8.1、高 4.1 厘米

罐身口径 10.3、足径 7、高 12.6 厘米

可复原。由器盖和器身两部分组成。

器盖子母口，窄沿，盖面微微隆起，盖面置桥形纽。盖面饰弦纹两圈。灰胎，胎质较细。青釉，仅盖面施釉。

器身直口，深曲腹，圈足。外腹刻划瓜棱。灰胎，胎质较细。青釉，内腹未施釉。

青釉瓷盒

20 黄凤 TN01E05 ⑥：5

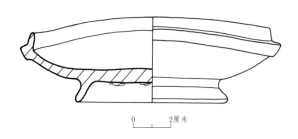

口径 12.9、足径 8.2、高 4.5 厘米

可复原。子母口，敛口，斜曲腹，圈足外撇。
素面。灰胎，胎质较细。青釉，通体施釉。外
底心残留垫圈支烧痕迹。

◆ 青釉瓷钵

20 黄凤 TN02E01 ⑦：5

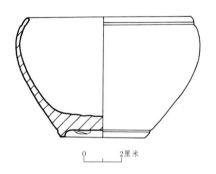

口径 9、足径 4.6、高 6.4 厘米

可复原。圆唇，敛口，圆肩，鼓腹斜收，隐圈
足。外腹近口沿处饰弦纹一圈，内腹素面。灰
胎，胎质较细。青釉，通体施釉。外底心残留
垫圈支烧痕迹。

◆ 青釉瓷执壶盖

20 黄凤 TN02E01 ⑦：6

口径 11.2、足径 3.4、带垫圈高 4.5 厘米

可复原。尖圆唇，卷沿，直腹，平底。内腹置一系。外腹素面；内腹饰菊瓣纹；内底饰弦纹一圈，内粗刻划花卉纹。灰胎，胎质较粗。青釉，通体施釉。外底心粘连垫圈。

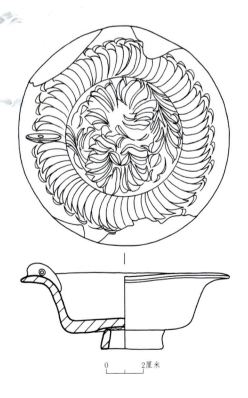

0 　 2厘米

◆ 青釉瓷器盖

20 黄凤 TN02E05 ⑧：65

口径 10.2、残高 4.1 厘米

可复原。子母口，窄沿上翘，顶部隆起，瓜蒂
形纽。盖面刻划多重蕉叶纹。灰胎，胎质较细。
青釉，通体施釉。盖内底残留垫圈支烧痕迹。

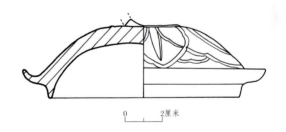

◆ 青釉瓷盒盖

20 黄凤 TN02E05 ⑨：33

口径 12.4、高 2 厘米

可复原。直口，盖面微微隆起。盖面饰三圈弦纹，内刻划花卉纹。灰胎，胎质较细。青釉偏黄，通体施釉，口沿露胎。

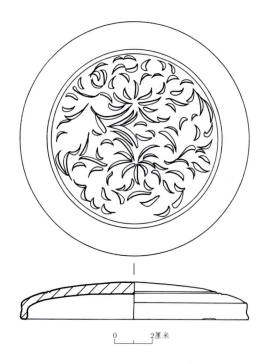

◆ 青釉瓷夹层碗

20 黄凤 TN02E02 ③：1

口径 16、足径 10.1、高 5.5 厘米

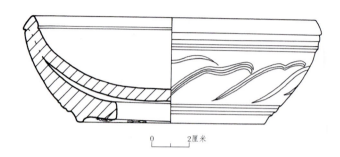

可复原。由内外两层碗组成，两碗中间留空，外层碗底有一圆孔。敛口，斜曲腹，圈足。外腹粗刻划海水纹，近底处饰凸弦纹两圈。灰胎，胎质较粗。青釉，通体施釉。外底心残留垫圈支烧痕迹。

◆ 青釉瓷砚滴

20 黄凤 TN02E05 ① ： 24

残长 9.8、残高 3.9 厘米

不可复原。口残，摩羯形斜腹，隐圈足。外腹
刻划纹饰。灰白胎，胎质较细。青黄釉，通体
施釉。外底心残留支烧痕迹。

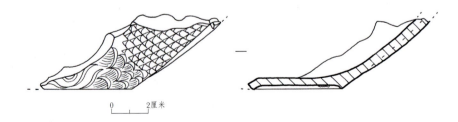

0　　　2厘米

◆ 火照

20 黄凤 TN01E05 ① : 1

下径 3.9、高 3.8 厘米

可复原。整体呈铃形。

◆ 印模

22 瓦瓷窑采：1

口径 6.4、残高 3.6 厘米

不可复原。口部残片。方口，斜曲腹，失下部。外腹阴刻花纹。灰胎，胎质较细。青釉，内腹施釉。外腹口沿处刻划"……印子记康□"。

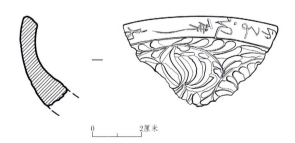

0 ____ 2厘米

北宋中期末段

过渡
转变

黄岩沙埠窑出土文物集萃

◆ 青釉瓷碗

19 黄竹 TN03E02 ⑨ ：51

足径 6.2、残高 7.4 厘米

不可复原。仅余下腹部及圈足。斜曲腹，圈足。
外腹素面；内底饰弦纹一圈，内细线划双凤纹。
灰胎，胎质较细。青釉，通体施釉。外底心残
留垫圈支烧痕迹。

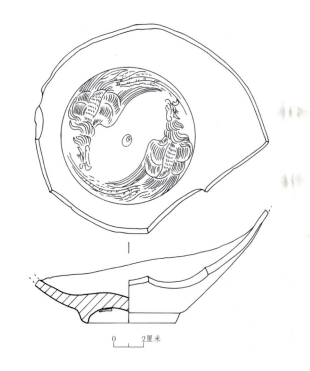

◆ 青釉瓷碗

19 黄竹 TN03E02 ⑨：96

口径 15.8、足径 6.2、高 7.3 厘米

可复原。圆唇，侈口，斜曲腹，圈足。外腹素面，内腹粗刻划花卉纹，内底饰弦纹一圈。灰胎，胎质较细。青釉，通体施釉。外底心残留垫圈支烧痕迹。

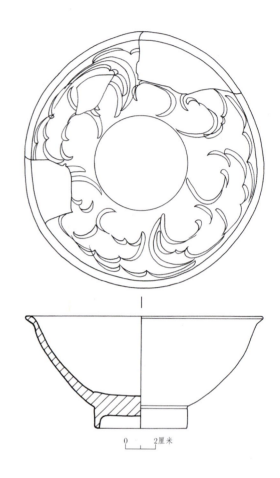

0　　2厘米

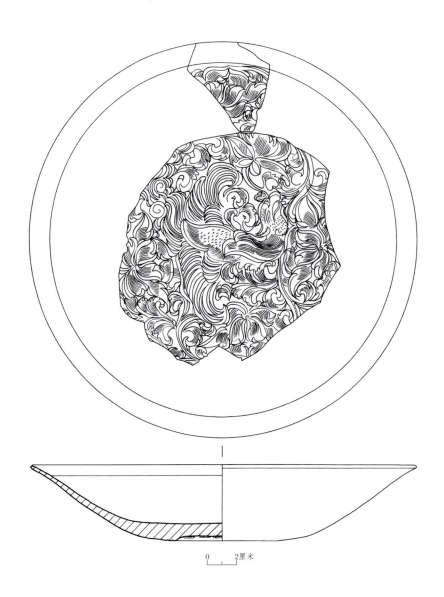

◆ 青釉瓷盘

19 黄竹 TN03E02 ⑧：1

口径 26.4、足径 6.8、高 5.1 厘米

可复原。圆唇，侈口，斜曲腹，隐圈足。外腹
近底处饰弦纹两圈；内腹满饰花卉纹，内底粗
刻划凤凰纹，填以篦划纹。灰胎，胎质较细。
青釉，通体施釉。外底心残留垫圈支烧痕迹。

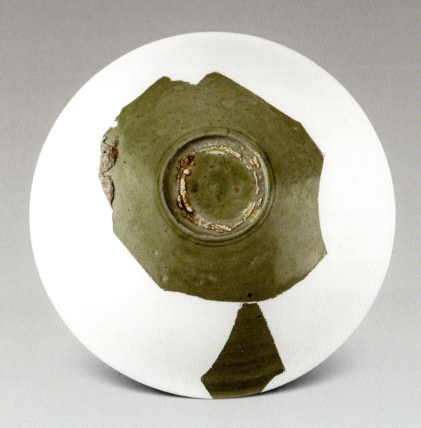

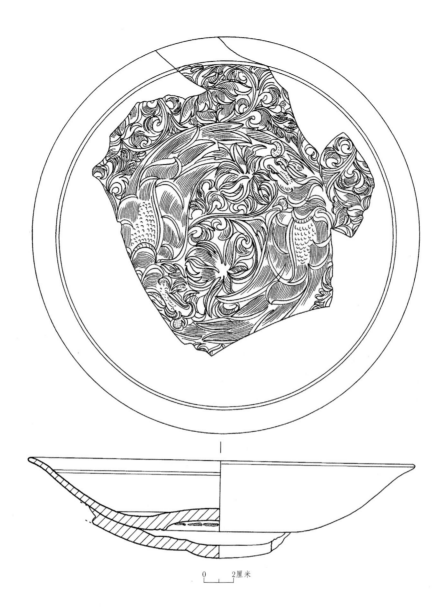

◆ 青釉瓷盘

19 黄竹 TN03E02 ⑧：2

口径 26.3、足径 6.6、带匣钵高 6.5 厘米

可复原。圆唇，侈口，斜曲腹，隐圈足。外腹近底处饰弦纹两圈；内腹满饰花卉纹，内底粗刻划双凤纹，填以篦划纹。灰胎，胎质较细。青釉，通体施釉。外腹粘连匣钵残块，外底心残留垫圈支烧痕迹。

◆ 青釉瓷盘

19 黄竹 TN03E02 ⑧：5

足径 7、残高 3.2 厘米

不可复原。仅余下腹部及圈足。斜曲腹，隐圈足。外腹近底处饰弦纹一圈；内腹满饰粗刻划缠枝花卉纹，内底心刻划婴戏纹，填以篦划纹。灰胎，胎质较粗。青釉，通体施釉。外底心残留垫圈支烧痕迹。

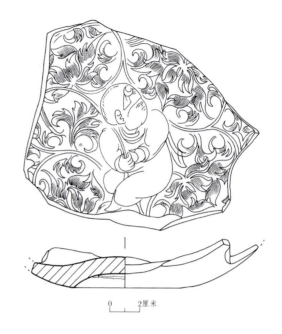

0　2厘米

◆ 青釉瓷盘

19 黄竹 TN03E02 ⑨：7

足径 7.3、残高 3.1 厘米

不可复原。仅余下腹部及圈足。斜曲腹，隐圈
足。外腹素面；内腹满饰花卉纹，内底心刻划
婴戏纹，填以篦划纹。灰胎，胎质较粗。青釉，
通体施釉。外底心残留垫圈支烧痕迹。

0　　2厘米

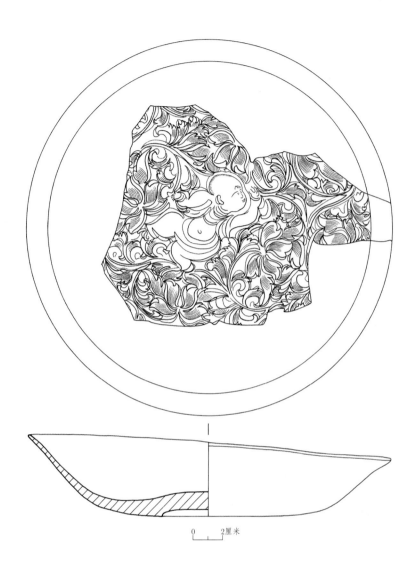

◆ 青釉瓷盘

19 黄竹 TN03E02 ⑨：8

口径 25、足径 6.4、高 5.5 厘米

可复原。圆唇，侈口，斜曲腹，隐圈足。外腹
近底处饰弦纹两圈；内腹满饰粗刻划缠枝花卉
纹，内底心刻划婴戏纹，填以篦划纹。灰胎，
胎质较粗。青釉，通体施釉。外底心残留垫圈
支烧痕迹。

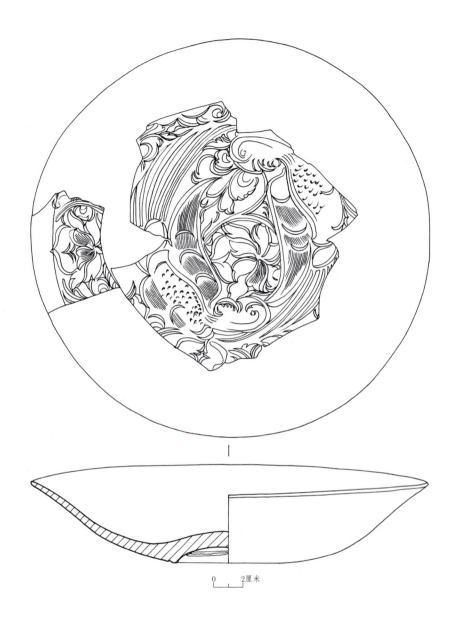

◆ 青釉瓷盘

19 黄竹 TN03E02 ⑨：9

口径 27.2、足径 7.6、高 6.6 厘米

可复原。圆唇，侈口，斜曲腹，隐圈足。外腹
近底处饰弦纹两圈；内腹满饰花卉纹，内底粗
刻划鹦鹉纹，填以篦划纹。灰胎，胎质较粗。
青釉，通体施釉。外底心残留垫圈支烧痕迹。

◆ 青釉瓷盘

19 黄竹 TN03E02 ⑨ ： 17

足径 7.5、残高 3.2 厘米

不可复原。仅余下腹部及圈足。斜曲腹，隐圈
足。外腹近底处饰弦纹两圈；内腹满饰花卉纹，
内底粗刻划鹦鹉纹，填以篦划纹。灰胎，胎质
较粗。青釉，通体施釉。外底心残留垫圈支烧
痕迹。

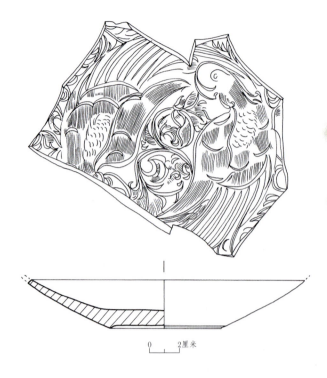

0   2厘米

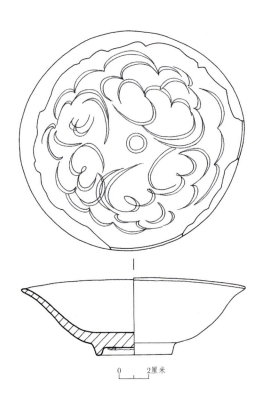

◆ 青釉瓷盘

19 黄竹 TN03E02 ⑨：112

口径 15.4、足径 5.3、高 5.1 厘米

可复原。圆唇，敞口，斜曲腹，圈足。外腹素面；内底心饰弦纹双圈，内腹及内底以其为中心粗刻划花卉纹。灰胎，胎质较细。青釉，通体施釉。外底心残留垫圈支烧痕迹。

0   2厘米

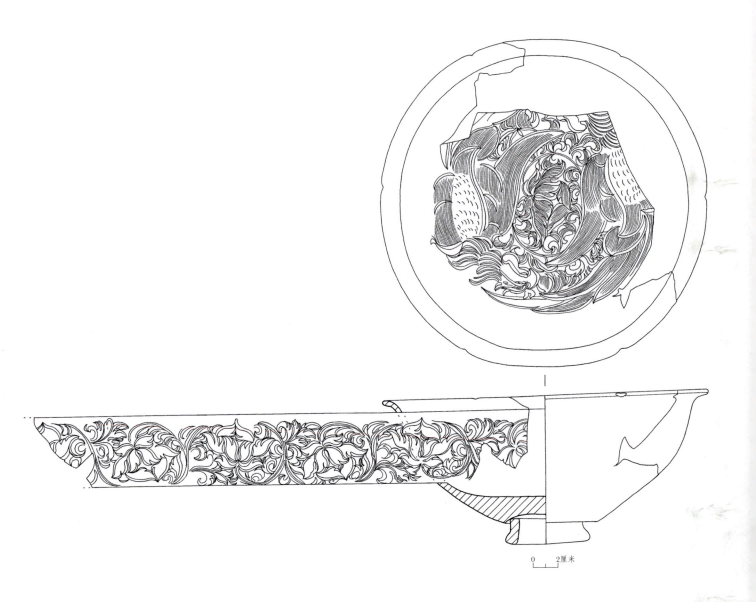

◆ 青釉瓷盆

19 黄竹 TN03E02 ⑨：1

口径 26.7、足径 6.9、带垫圈高 12.2 厘米

可复原。圆唇，折沿，口呈花瓣形，斜曲腹，隐圈足。外腹素面；内腹满饰缠枝花卉纹，内底粗刻划双凤纹，填以篦划纹。灰胎，胎质较细。青釉，通体施釉。外腹粘连匣钵残块，外底心粘连垫圈。

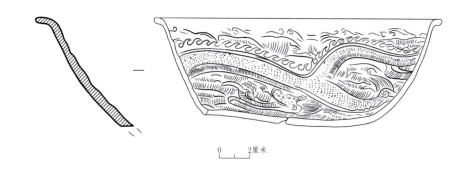

0 ————— 2厘米

◆ 青釉瓷盆

21 黄牌 TS01E01 ① ： 101

残高 7.2 厘米

不可复原。口沿碎片。圆唇，口呈花瓣形，折沿，斜曲腹。外腹素面，内腹粗刻划海水云龙纹。灰胎，胎质较粗。青釉，通体施釉。

◆ 青釉瓷盒

19 黄竹 TN03E02 ⑨ : 27

口径 14.2、足径 8.7、高 5 厘米

可复原。子母口，敛口，内底粘连三个小碗并
贴塑荷花和荷叶，斜曲腹，圈足外撇。素面。
灰胎，胎质较粗。青釉，通体施釉。外底心残
留垫圈支烧痕迹。

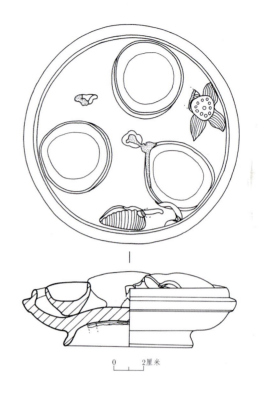

◆ 青釉瓷盒

119 黄竹 TN03E02 ⑨：28

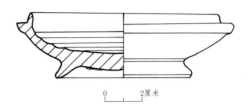

口径 10.4、足径 7.6、高 3.5 厘米

可复原。子母口，敛口，斜曲腹，圈足外撇。素面。灰胎，胎质较细。青釉，通体施釉。外底心残留垫圈支烧痕迹。

青釉瓷盏

119 黄竹 TN03E02 ⑨：36

口径 12.9、足径 4.9、高 6.4 厘米

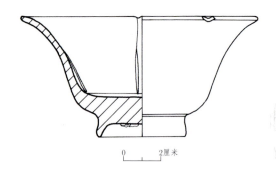

可复原。圆唇，侈口，口呈花瓣形，直腹，下腹斜收，高圈足。外腹素面；内底饰弦纹一圈，以其为中心，内腹对应花口处刻划竖线。灰胎，胎质较粗。青釉，通体施釉。外底心残留垫圈支烧痕迹。

◆ 酱釉瓷碗

19 黄竹 TN03E02 ⑨：214

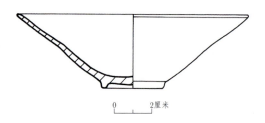

口径 12.5、足径 3.3、高 3.9 厘米

可复原。圆唇，敞口，斜直腹，圈足。素面。
灰胎，胎质较细。酱釉，通体施釉，足端露胎。

◆ 酱釉瓷碗

19 黄竹 TN03E02 ⑨：215

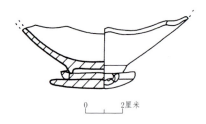

足径 3、带垫饼和匣钵残高 3.9 厘米

不可复原。仅余下腹部及圈足。斜直腹，圈足。素面。灰胎，胎质较细。酱釉，通体施釉。圈足粘连垫饼和匣钵残块。

0   2厘米

◆ 酱釉瓷罐

19 黄竹 TN03E02 ⑦：74

底径 7.4、残高 8.4 厘米

不可复原。失口沿，斜肩，直腹，平底内凹。
素面。灰胎，胎质较粗。酱釉，仅外腹施釉。

◆ 垫圈

19 黄竹 TN03E02 ⑦：67

上径 8、下径 8.3、高 1.5 厘米

完整。圆形。瓷质。

0　　2厘米

◆ 垫饼

19 黄竹 TN03E02 ⑦：69

直径 5.2、高 0.7 厘米

完整。圆形。瓷质。

◆ 匣钵

19 黄竹 TN03E02 ⑧：34

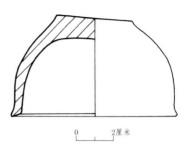

上径 4.2、下径 9.2、高 5.5 厘米

完整。钵形。陶质。

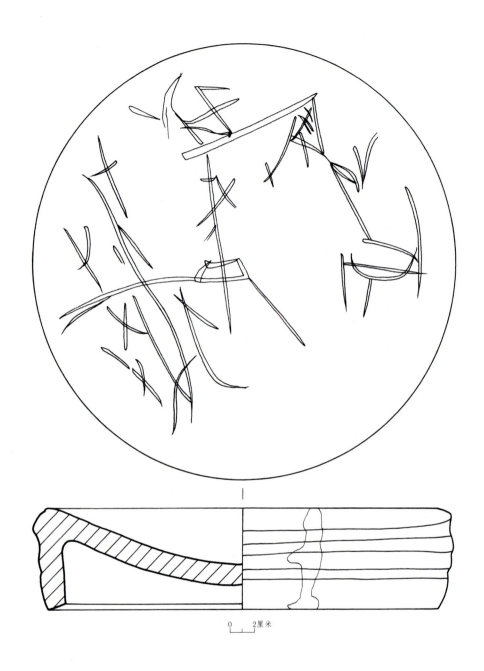

◆ 匣钵

19 黄竹 TN03E02 ⑨：127

上径 33、下径 32、高 8 厘米

完整。M 形。陶质。

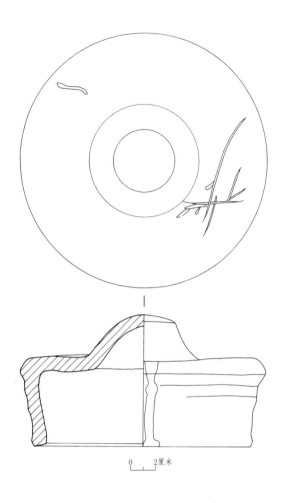

◆ 匣钵盖

19 黄竹 TN03E02 ⑧：36

上径 20.1、下径 17.8、高 10.5 厘米

完整。漏斗形。陶质。

0 2厘米

◆ 支具

19 黄竹 TN03E02 ⑧：37

上径 6.4、下径 6.6、高 7.3 厘米

完整。喇叭形。陶质。

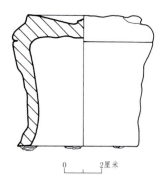

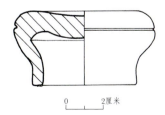

0　　2厘米

◆ **支具**

19 黄竹 TN03E02 ⑧：39

上径 6、下径 5.8、高 4 厘米

完整。喇叭形。瓷质。

◆ 火照

21 黄牌 TS01E01 ② ： 101

下径 4.5、高 3.7 厘米

完整。铃形。瓷质。

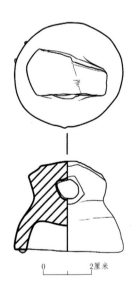

◆ 装烧标本

19 黄竹 TN03E02 ⑨：76

上径 20.5、通高 16.5 厘米

匣钵与碗装烧标本。

碗侈口，斜曲腹，圈足。青釉，通体施釉。

两个匣钵粘连，均为 M 形，陶质。

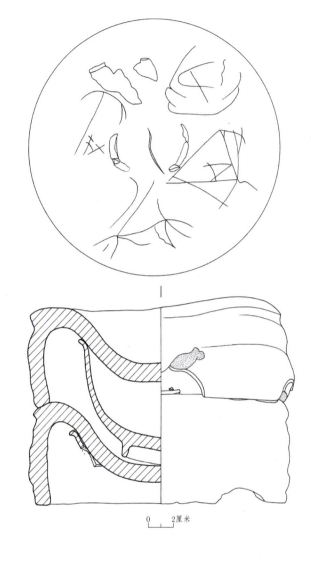

0　　2厘米

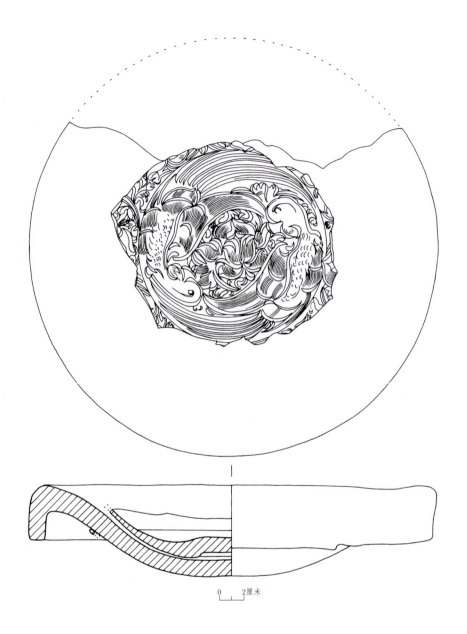

◆ 装烧标本

19 黄竹 TN03E02 ⑨：129

上径 33.5、高 7.2 厘米

匣钵与盘装烧标本。

盘失口部，斜曲腹。内腹粗刻划鹦鹉纹，满饰
花卉纹，填以篦划纹。灰胎，胎质较细。青釉，
通体施釉。

匣钵为 M 形，陶质。

北宋中期末段至
北宋晚期前段

过渡
转变

黄岩沙埠窑出土文物集萃

◆ 青釉瓷碗

19 黄竹 TN03E02 ⑥：129

口径 16、足径 7、高 7.7 厘米

可复原。圆唇，侈口，口部呈花瓣形，斜曲腹，圈足。外腹对应花口处压短竖线，以间隔粗刻划开光花卉纹。灰胎，胎质较粗。青釉，通体施釉。外底心残留垫圈支烧痕迹。

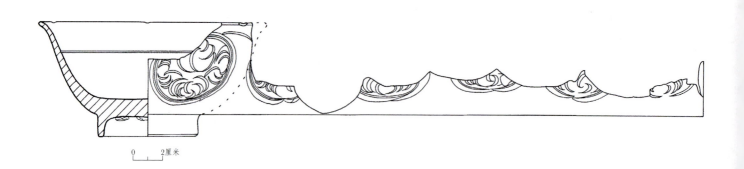

0   2厘米

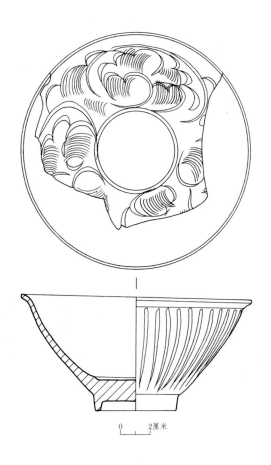

◆ 青釉瓷碗

19 黄竹 TN03E02 ⑥：133

口径 15.6、足径 5.5、高 7.6 厘米

可复原。圆唇，侈口，斜直腹微曲，圈足。外腹饰折扇纹；内腹粗刻划花，填以篦划纹；内底饰弦纹一圈。灰胎，胎质较细。青釉，通体施釉。外底心残留垫圈支烧痕迹。

青釉瓷碗

19 黄竹 TN03E02 ⑥：135

口径 16.6、足径 6、高 7.8 厘米

可复原。圆唇，侈口，斜直腹微曲，圈足。外
腹饰折扇纹；内腹粗刻划花，填以篦划纹；内
底饰弦纹一圈。灰胎，胎质较细。青釉，通体
施釉。外底心残留垫圈支烧痕迹。

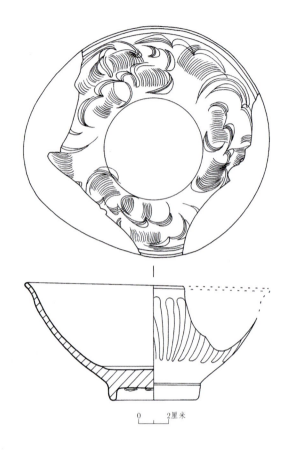

0 ___ 2 厘米

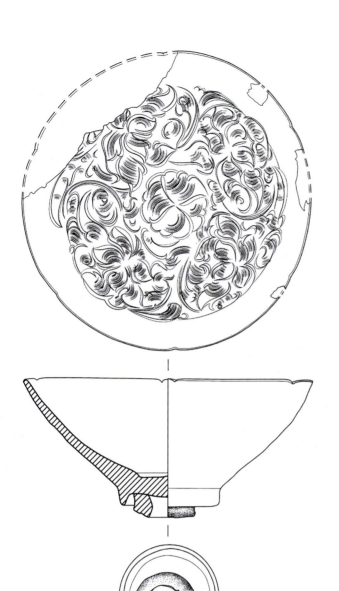

◆ 青釉瓷碗

21 黄竹 TS02W01 ①：1

口径 19.6、足径 7、带垫圈高 9.2 厘米

可复原。圆唇，敞口，口呈花瓣形，斜曲腹，圈足。外腹素面；内腹及内底各饰弦纹一圈，内腹粗刻划缠枝花卉纹，内底粗刻划四瓣花卉纹，填以篦划纹。灰胎，胎质较细。青釉，通体施釉。外底心粘连垫圈。

0   2厘米

青釉瓷盘

19 黄竹 TN03E02 ⑥：16

足径 7.4、残高 4.4 厘米

不可复原。仅余下腹部及圈足。斜直腹微曲、隐圈足。外腹素面；内腹满饰花卉纹，内底粗刻划凤凰纹，填以篦划纹。灰胎，胎质较细。青釉，通体施釉。外底心残留垫圈支烧痕迹。

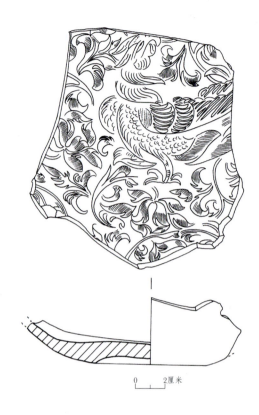

0 ___ 2厘米

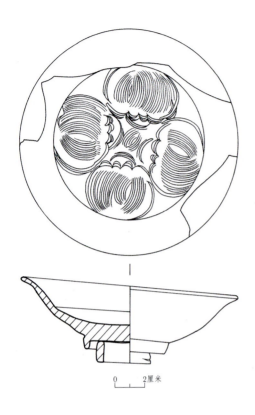

◆ 青釉瓷盘

19 黄竹 TN03E02 ⑥：166

口径 15、足径 5.5、带垫圈高 5.8 厘米

可复原。圆唇，侈口，上腹斜直，下腹斜收，圈足。外腹素面；内腹及内底心粗刻划花，填以篦划纹。灰胎，胎质较粗。青釉，通体施釉。外底心粘连垫圈。

0   2厘米

◆ 青釉瓷夹层碗

19 黄竹 TN03E02 ⑥：38

口径 14.6、足径 10、高 6 厘米

可复原。由内外两层碗组成，两碗中间留空，外层碗底有一圆孔。敛口，斜曲腹，圈足。外腹粗刻划海水纹，近底处饰凸弦纹一圈。灰胎，胎质较粗。青釉，通体施釉。外底心残留垫圈支烧痕迹。

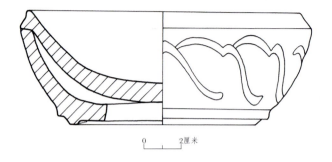

0   2厘米

◆ 青釉瓷罐

19 黄竹 TN03E02 ⑥：35

口径 6.7、底径 7、高 8 厘米

可复原。圆唇，敞口，短束颈，直腹，平底。素面。灰胎，胎质较细。青釉，内腹、内底和外底未施釉。外底残留泥点支烧痕迹。

0　　　2厘米

◆ 青釉瓷执壶

19 黄竹 TN03E02 ⑥：2

口径 10.7、足径 10.5、最大腹径 16.9、带垫圈
高 18.6 厘米

可复原。圆唇，喇叭口，直颈，鼓腹，圈足。
肩部置两系，曲流，曲柄。外腹刻划竖线呈瓜
棱形。灰胎，胎质较粗。青釉，通体施釉。外
底心粘连垫圈。

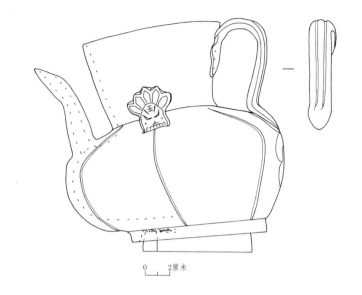

0   2厘米

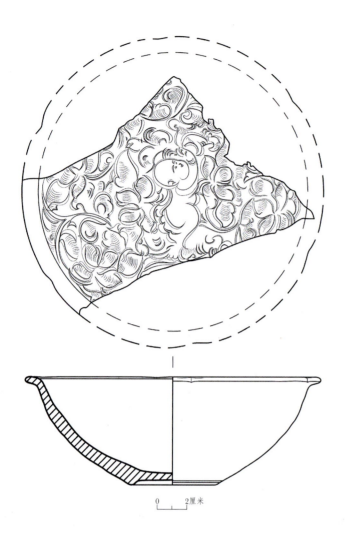

◆ 青釉瓷盆

22 黄竹 TS03W01 ② : 1

口径 20.8、足径 5.8、高 7 厘米

可复原。圆唇，折沿，口呈花瓣形，斜曲腹，隐圈足。外腹素面；内腹满饰花卉纹，内底心粗刻划婴戏纹，填以篦划纹。灰胎，胎质较细。青釉，通体施釉。外底心残留垫圈支烧痕迹。

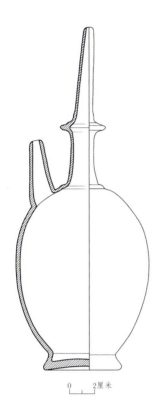

0　　2厘米

◆ 青釉瓷净瓶

22 黄竹 TS01W01 ② ：1

口径 0.7、底径 6.3、最大腹径 10.9、高 27.3
厘米

可复原。直口，长颈，颈中部凸出一圈圆台，
溜肩，鼓腹，腹下渐收至底，平底内凹。肩部
置流。素面。灰胎，胎质较细。青釉，通体施
釉。外底心残留垫圈支烧痕迹。

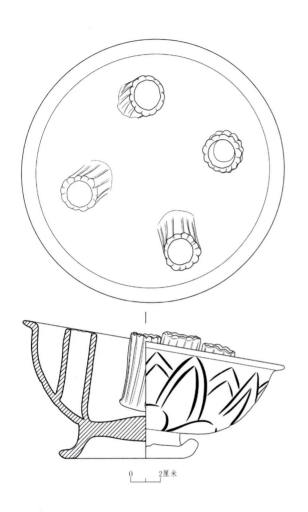

◆ 青釉瓷四管器

21 黄竹 TN03W01 ①：1

口径 18、足径 9.5、高 9.2 厘米

可复原。圆唇，折沿，斜曲腹，圈足外撇。内底置四管，管外刻竖线凸棱一周，管口呈锯齿状，管底均有一圆形镂孔。外腹刻划三重仰莲瓣纹。灰胎，胎质较细。青釉，通体施釉。外底心残留垫圈支烧痕迹。

青釉瓷熏炉

21 黄竹 TN03W01 ① : 2

口径 11.4、足径 5.8、高 6.3 厘米

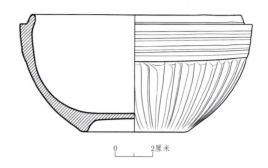

可复原。子母口，圆唇，斜曲腹，隐圈足。外腹近口沿处刻划弦纹五圈，外腹饰折扇纹。灰胎，胎质较细。青釉，子母口及内腹、内底未施釉。外底心残留垫圈支烧痕迹。

◆ 青釉瓷熏炉

21 黄竹 TN03W01 ① ：3

最大径 19.8、足径 9.2、带匣钵和垫圈高 9.8 厘米

可复原。八边形。圆唇，折沿，折腹，圈足外
撇。沿面刻划两周折线；外腹八面刻划花卉纹，
间隔贴塑四只铺首。灰胎，胎质较细。青釉，
通体施釉。外底心残留垫圈支烧痕迹，内腹粘
连匣钵残块和垫圈。

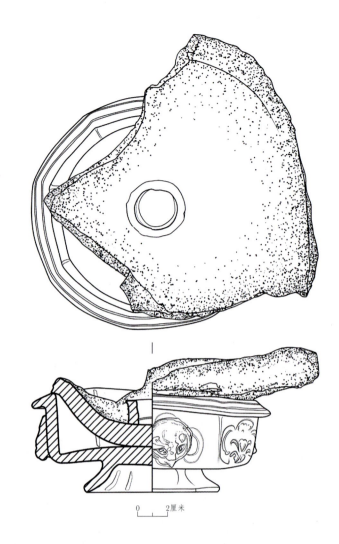

0　　2厘米

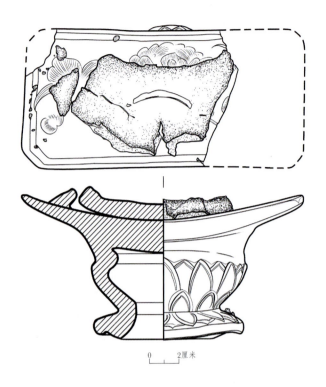

◆ 青釉瓷枕

21 黄竹 TN03W01 ① ：4

枕面长 19.5、足径 10.5、高 10.4 厘米

可复原。枕面呈缺角长方形，中间微凹，两边微翘，底座鼓腹下渐收，底足外撇。底座中空。枕面开光内刻划花卉纹，填以篦划纹；底座刻划浅浮雕状双重仰莲瓣纹，足面刻划浅浮雕状覆莲瓣纹。灰胎，胎质较细。青釉，通体施釉。枕面粘连匣钵残块，外底心残留垫圈支烧痕迹。

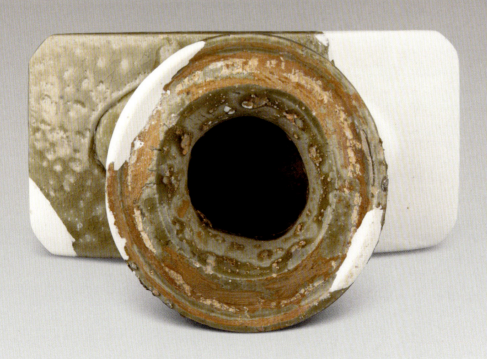

◆ 酱釉瓷瓶

19 黄竹 TN03E02 ⑥：270

口径 3.7、底径 3.1、最大腹径 6.3、带匣钵高 8.7
厘米

可复原。圆唇，敞口，短束颈，弧腹，平底内
凹。素面。灰胎，胎质较细。酱釉，仅外腹施
釉。外腹粘连匣钵残块。

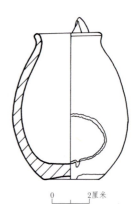

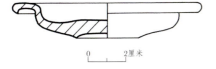

0　　2厘米

◆ 酱釉瓷盖

19 黄竹 TN03E02 ⑥：260

口径 10、底径 3.4、高 1.8 厘米

可复原。宽沿内卷，折腹，平底内凹。素面。灰胎，胎质较粗。酱釉，通体施釉。

◆ 酱釉瓷罐

19 黄竹 TN03E02 ⑥：253

足径 9.5、残高 8.4 厘米

不可复原。仅余下腹部及圈足。鼓腹，圈足。
素面。灰胎，胎质较粗。酱釉，通体施釉，圈
足内露胎。

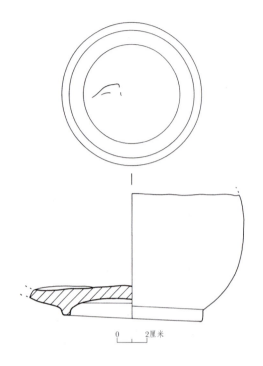

0   2厘米

◆ 褐彩瓷执壶

19 黄竹 TN03E02 ⑥：82

口径 8.2、残高 11 厘米

不可复原。失流，失下部。尖圆唇，喇叭口，
长颈，曲柄，鼓腹。素面。灰胎，胎质较细。
青釉，通体施釉，外腹施褐彩。

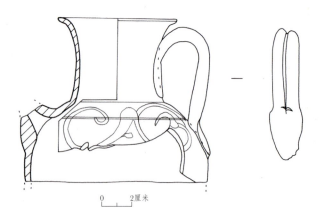

0   2厘米

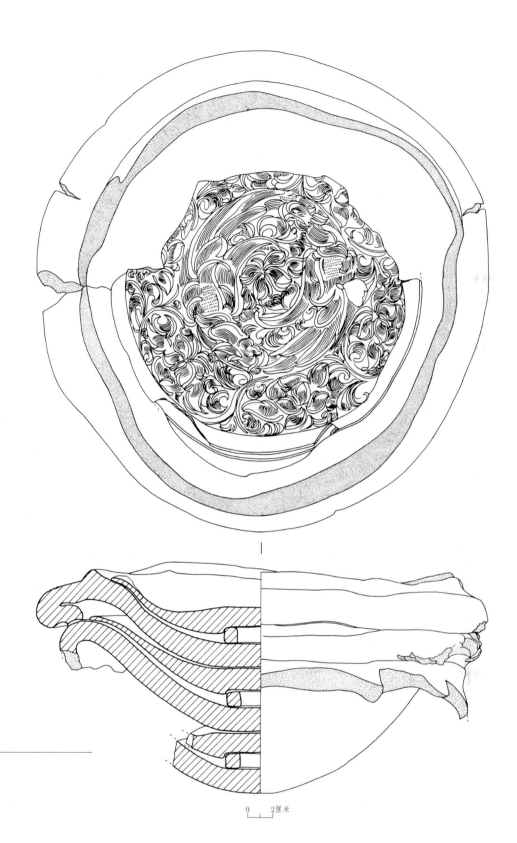

◆ 装烧标本

19 黄竹 TN03E02 ⑥：85

通高 18.6 厘米

匣钵与盘装烧标本。

盘内腹满饰花卉纹，内底粗刻划双凤纹，填以
篦划纹。灰胎，胎质较细。青釉，通体施釉。
外底心粘连垫圈。

M 形匣钵 3 件，均为陶质。

0   2厘米

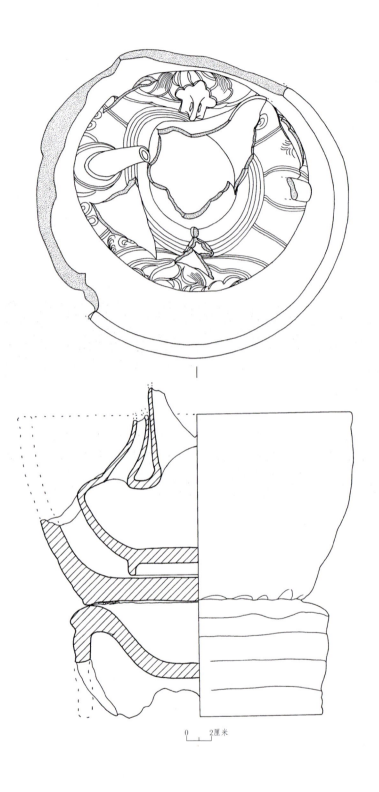

◆ 装烧标本

19 黄竹 TN03E02 ⑥：86

通高 26.2 厘米

匣钵与执壶装烧标本。

执壶圆唇，喇叭口，直颈，鼓腹，圈足。肩部残留一系，曲流，失柄。肩部饰弦纹五圈；外腹呈瓜棱形屏风式布局，饰刻划花卉纹，填以篦划纹，近足处饰一圈仰莲瓣纹。灰胎，胎质较粗。青釉，通体施釉。外底心粘连垫圈。钵形匣钵粘连 M 形匣钵，均为陶质。

0   2厘米

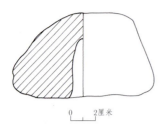

0 ————— 2 厘米

◆ **窑塞**

19 黄竹 TN03E02 ⑥：98

高 6.9 厘米

可复原。陶质。

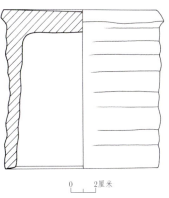

0 ____ 2厘米

◆ 匣钵

19 黄竹 TN03E02 ⑥：208

上径 13.2、下径 12.5、高 12.5 厘米

可复原。直筒形。陶质。

北宋晚期后段

过渡
转变

青釉瓷碗

19 黄竹 TN03E03 ⑧：39

口径 12.4、足径 4.3、高 4.6 厘米

可复原。圆唇，侈口，斜直腹，圈足。外腹饰
折扇纹；内腹粗刻划花卉纹，填以篦点纹；内
底饰弦纹一圈，内压印菊瓣纹。灰胎，胎质较细。
青釉，通体施釉。外底心残留垫圈支烧痕迹。

0   2厘米

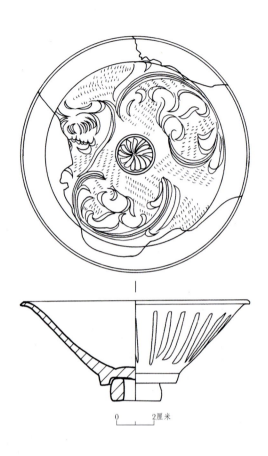

◆ 青釉瓷碗

19 黄竹 TN03E03 ⑧：40

口径 12.6、足径 4.1、带垫圈高 5.3 厘米

可复原。圆唇，侈口，斜直腹，圈足。外腹饰折扇纹；内腹粗刻划花卉纹，填以篦点纹；内底饰弦纹一圈，内压印菊瓣纹。灰胎，胎质较细。青釉，通体施釉。外底心粘连垫圈。

◆ 青釉瓷碗

21 黄竹 TN01W01 ② ：7

足径 7、残高 6.6 厘米

不可复原。仅余下腹部及圈足。斜曲腹，高圈
足。外腹素面；内腹满饰花卉纹，内底刻划凤
凰纹，填以篦划纹。灰胎，胎质较细。青釉，
通体施釉。外底心残留垫圈支烧痕迹。

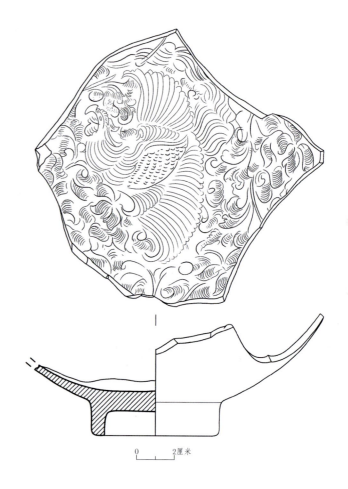

0　　2厘米

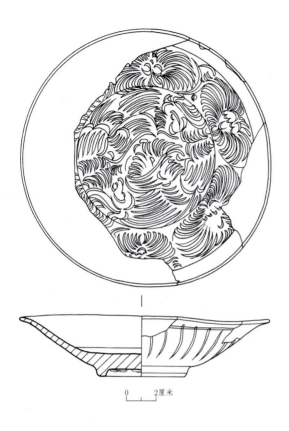

◆ 青釉瓷盘

19 黄竹 TN03E02 ① ：30

口径 17.2、足径 6.2、高 4.1 厘米

可复原。圆唇，侈口，斜直腹微曲，圈足。外腹饰折扇纹，内腹满饰花卉纹，内底粗刻划双凤纹。灰胎，胎质较粗。青釉，通体施釉。外底心残留垫圈支烧痕迹。

◆ 青釉瓷盘

19 黄竹 TN03E03 ⑩：13

足径 6.8、残高 4.7 厘米

不可复原。仅余下腹部及圈足。斜曲腹，隐圈足。外腹近底处饰弦纹两圈，内腹及内底粗刻划海水云龙纹。灰胎，胎质较粗。青釉，通体施釉。外底心残留垫圈支烧痕迹。

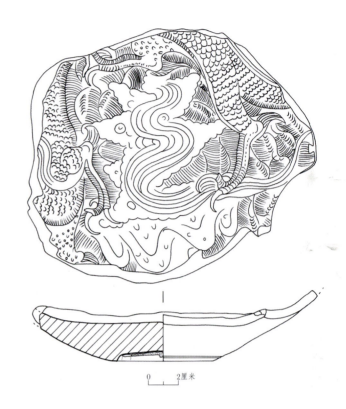

0   2 厘米

◆ 青釉瓷盘

19 黄竹 TN03E03 ⑩：250

足径 6.2、带垫圈残高 4.4 厘米

不可复原。仅余下腹部及圈足。斜曲腹，隐圈足。外腹近底处饰弦纹两圈；内腹及内底粗刻划海水云龙纹，填以篦划纹。灰胎，胎质较粗。青釉，通体施釉。外底心粘连垫圈。

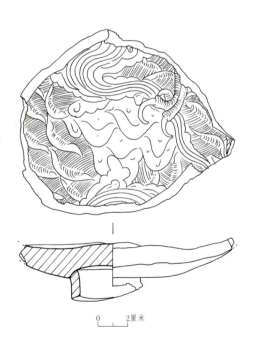

0 ── 2 厘米

◆ 青釉瓷盘

20 黄凤 TN01W01 ①：1

足径 7.2、残高 6.2 厘米

不可复原。失口部，斜曲腹，隐圈足。内腹及
内底刻划龙纹。灰白胎，胎质较细。青釉，爆
釉，通体施釉。外底心残留垫圈支烧痕迹。

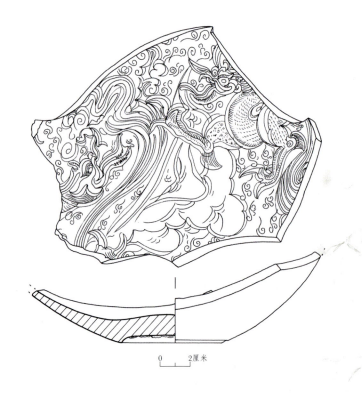

0   2厘米

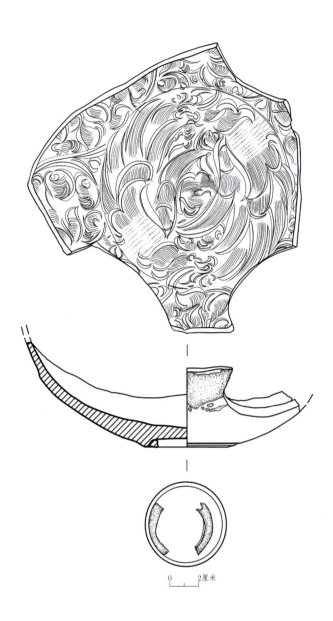

◆ 青釉瓷盘

21 黄竹 TN01W01 ② : 6

足径 5.8、残高 6.6 厘米

不可复原。仅余下腹部及圈足。斜曲腹，隐圈足。外腹近底处饰弦纹三圈；内腹满饰花卉纹，填以篦划纹；内底饰弦纹一圈，内粗刻划双凤纹。灰胎，胎质较细。青釉，通体施釉。外底心残留垫圈支烧痕迹。

0   2 厘米

青釉瓷夹层碗

19 黄竹 TN03E03 ⑧：68

口径 14.7、足径 4.4、带垫钵高 7.8 厘米

可复原。由内外两层碗组成，两碗中间留空，外层碗底有一圆孔。敛口，斜曲腹，圈足。外腹近口沿处饰弦纹三圈、近底处饰凸弦纹两圈，外腹刻划折扇纹；内腹及内底饰刻划花卉纹，填以篦划纹。灰胎，胎质较粗。青釉，通体施釉。外底心粘连垫钵。

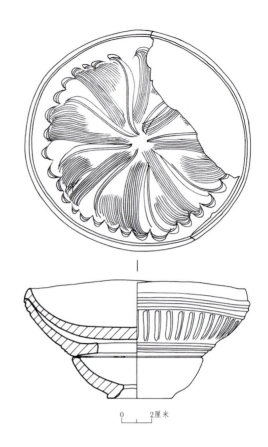

0   2 厘米

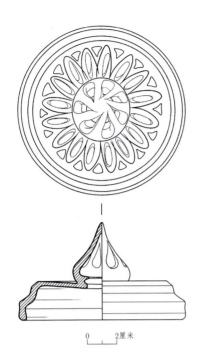

青釉瓷熏炉

21 黄竹 TN01W01 ②：1、2

器盖口径 11.6、高 6.6 厘米

器身残径 17.6、带垫圈残高 8 厘米

由器盖和器身两部分组成。

器盖直口，台阶状盖，顶面凹陷，置宝珠形纽。纽与顶面皆作花瓣形镂空装饰。灰胎，胎质较粗。青釉，通体施釉，口沿内露胎。

器身子母口，口沿呈花瓣形，敞口，直腹，近底处下斜收，异形足。沿面刻划卷草纹，外腹饰折扇纹。灰胎，胎质较粗。青釉，子母口及内腹、内底未施釉。外底心粘连垫圈。

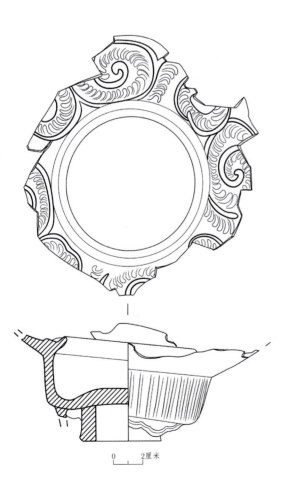

器　盖

器　身

◆ 青釉瓷熏炉盖纽

21 黄竹 TN01W01 ② ：3

残高 5 厘米

不可复原。宝珠形。

0   2 厘米

青釉瓷熏炉

21 黄竹 TN01W01②：5

口径 19.4、足径 9.8、高 6.6 厘米

可复原。子母口，口沿呈花瓣形，敞口，直腹，近底处下斜收，异形足。沿面刻划卷草纹，外腹饰折扇纹。灰胎，胎质较细。青釉，子母口及内腹、内底未施釉。外底心残留垫圈支烧痕迹。

0   2厘米

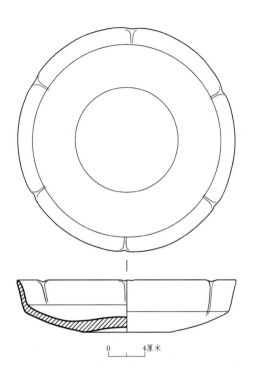

0   4厘米

◆ 青釉瓷洗

21 黄竹 TN01W01 ② ∶ 4

口径 24、底径 9.6、高 5.6 厘米

可复原。圆唇，直口，口沿呈花瓣形，折腹，平底内凹。外腹对应花口处压短竖线。灰胎，胎质较细。青釉，通体施釉。外底心残留垫圈支烧痕迹。

酱釉瓷碗

19 黄竹 TN03E03 ⑦：24

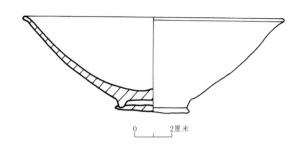

口径 14.2、足径 3.7、带垫饼高 5.1 厘米

可复原。圆唇，侈口，斜曲腹，圈足。素面。
灰胎，胎质较细。酱釉，通体施釉，足端露胎。
圈足粘连垫饼。

◆ 酱釉瓷碗

19 黄竹 TN03E03 ⑧：115

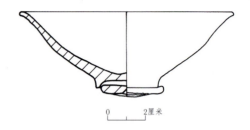

0   2厘米

口径 11.8、足径 3.4、带垫饼高 4.6 厘米

可复原。圆唇，侈口，斜直腹，圈足。素面。
灰胎，胎质较细。酱釉，通体施釉，足端露胎。
圈足粘连垫饼。

◆ 酱釉瓷碗

19 黄竹 TN03E03 ⑧：135

口径 11.9、足径 3.9、高 4.5 厘米

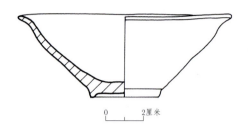

可复原。圆唇，侈口，斜直腹，圈足。素面。
灰胎，胎质较细。酱釉，通体施釉，足端露胎。

◆ 酱釉瓷碗

19 黄竹 TN03E03 ⑧：136

口径 12.5、足径 3.4、高 4.5 厘米

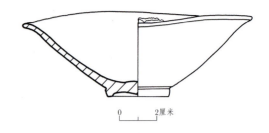

可复原。圆唇，侈口，斜直腹，圈足。素面。
灰胎，胎质较细。酱釉，通体施釉，足端露胎。

◆ 酱釉瓷钵

19 黄竹 TN03E03 ⑦：37

口径 15、底径 5、高 6.3 厘米

可复原。圆唇，直口，斜直腹，平底。素面。
灰胎，胎质较细。酱釉，通体施釉，底部露胎。

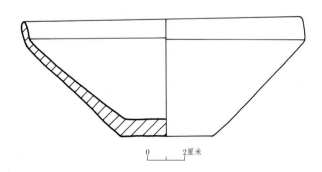

0   2 厘米

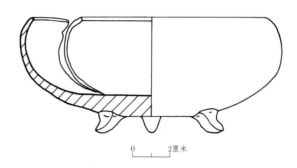

0 —— 2厘米

◆ 酱釉瓷炉

19 黄竹 TN03E03 ⑦：38

口径 12.4、最大腹径 14、高 6 厘米

可复原。圆唇，敛口，鼓腹，平底，三足。素
面。灰胎，胎质较细。酱釉，通体施釉。底部
残留垫圈支烧痕迹。

◆ 匣钵

19 黄竹 TN03E03 ⑧：87

口径 13.1、底径 7.9、高 7.5 厘米

可复原。钵形。陶质。内底粘连一瓷质喇叭形垫圈。

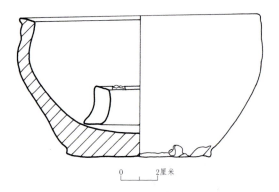

0   2 厘米

北宋末至南宋初

过渡转变

黄 岩 沙 埠 窑 出 土 文 物 集 萃

◆ 青釉瓷碗

19 黄竹 TN03E02 ③：10

口径 17、足径 6.4、高 8 厘米

不可复原。斜直腹微曲，圈足。外腹饰折扇纹，
成组、细密；内腹饰篦划纹；内底饰弦纹一圈。
灰胎，胎质较粗。青釉，通体施釉。外底心残
留垫圈支烧痕迹。

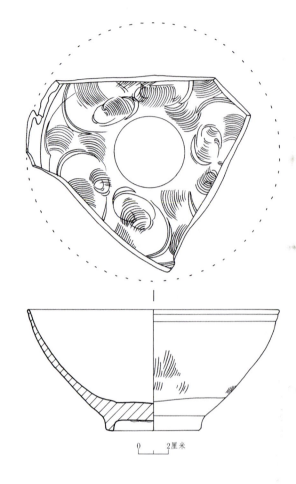

◆ 青釉瓷碗

19 黄竹 TN03E02 ④：18

口径 18、足径 5.5、高 6.4 厘米

可复原。圆唇，侈口，斜直腹，圈足。外腹近口沿和近底处各饰弦纹一圈，外腹饰折扇纹；内腹粗刻划花卉纹，填以篦划纹；内底饰弦纹一圈，内压印菊瓣纹。灰胎，胎质较粗。青釉，通体施釉。外底心残留垫圈支烧痕迹。

◆ 青釉瓷碗

19 黄竹 TN03E02 ④：19

口径 15.5、足径 6、高 7.6 厘米

可复原。圆唇，侈口，斜直腹微曲，圈足。外腹饰折扇纹；内腹粗刻划花，填以篦划纹；内底饰弦纹一圈。灰胎，胎质较粗。青釉，通体施釉。外底心残留垫圈支烧痕迹。

0   2厘米

◆ 青釉瓷碗

19 黄竹 TN03E02 ④：23

口径 13.8、足径 4.3、高 5 厘米

可复原。圆唇，侈口，斜直腹，圈足。外腹近口沿处饰弦纹一圈，外腹饰折扇纹；内腹粗刻划花卉纹，填以篦点纹；内底饰弦纹一圈，内压印菊瓣纹。灰胎，胎质较细。青釉，通体施釉。外底心残留垫圈支烧痕迹。

0   2厘米

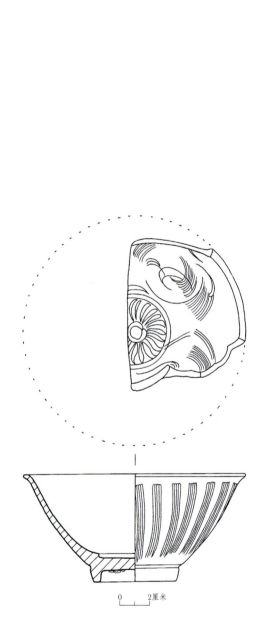

◆ 青釉瓷碗

19 黄竹 TN03E02 ④：61

口径 15.4、足径 5.8、高 7.3 厘米

可复原。圆唇，侈口，斜直腹微曲，圈足。外腹饰折扇纹，成组，细密；内腹饰篦划纹；内底饰弦纹一圈，内压印菊瓣纹。灰胎，胎质较粗。青黄釉，通体施釉。外底心残留垫圈支烧痕迹。

◆ 青釉瓷碗

19 黄竹 TN03E02 ④：62

口径 15.4、足径 5.8、高 6.6 厘米

可复原。圆唇，侈口，斜曲腹，圈足。外腹饰折扇纹，成组，细密；内腹饰篦划纹；内底饰弦纹一圈，内压印菊瓣纹。灰胎，胎质较细。青黄釉，通体施釉。外底心残留垫圈支烧痕迹。

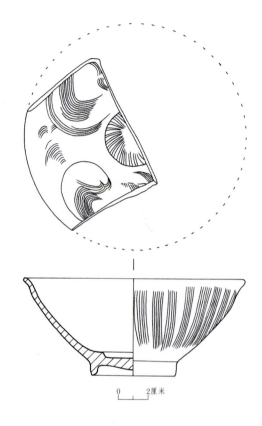

0   2厘米

◆ 青釉瓷碗

19 黄竹 TN03E02④：63

足径 5.8、残高 3.7 厘米

不可复原。仅余下腹部及圈足。外腹饰折扇纹，成组，细密；内腹饰篦划纹；内底饰弦纹一圈，内压印菊瓣纹。灰胎，胎质较粗。青釉，通体施釉。外底心残留垫圈支烧痕迹。

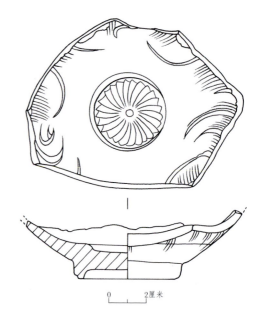

0   2厘米

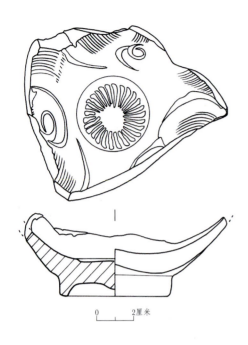

◆ 青釉瓷碗

19 黄竹 TN03E02 ④：66

足径 6、残高 4.4 厘米

不可复原。仅余下腹部及圈足。外腹饰折扇纹，
成组，细密；内腹饰篦划纹；内底饰弦纹一圈，
内压印菊瓣纹。灰胎，胎质较粗。青黄釉，通
体施釉。外底心残留垫圈支烧痕迹。

◆ 青釉瓷盘

19 黄竹 TN03E02 ④：27

口径 15.2、足径 5.8、高 4.4 厘米

可复原。圆唇，侈口，折腹，上腹斜直，下腹斜收，圈足。外腹素面；内底饰弦纹一圈，内粗刻划花，填以篦划纹。灰胎，胎质较细。青釉，通体施釉。外底心残留垫圈支烧痕迹。

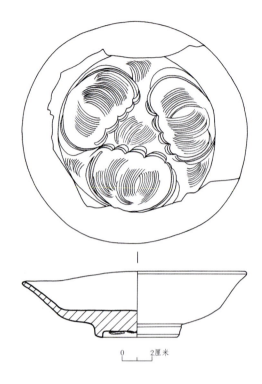

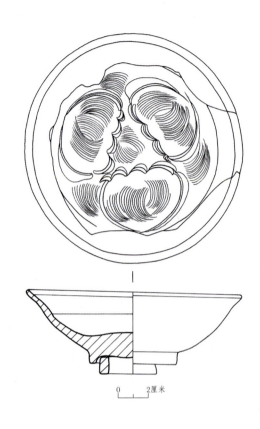

◆ 青釉瓷盘

19 黄竹 TN03E02 ④：28

口径 14.4、足径 5.8、带垫圈高 5.5 厘米

可复原。圆唇，侈口，斜曲腹，圈足。外腹素
面；内底饰弦纹一圈，内粗刻划花，填以篦划
纹。灰胎，胎质较细。青釉，通体施釉。外底
心粘连垫圈。

◆ 酱釉瓷碗

19 黄竹 TN03E03 ② ：80

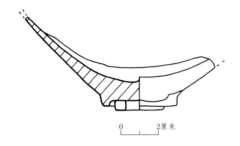

足径 4、带垫圈残高 4.9 厘米

不可复原。仅余下腹部及圈足。斜直腹，圈足。
素面。灰胎，胎质较细。酱釉，通体施釉。外
底心粘连垫圈。

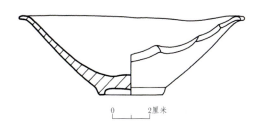

0　　2厘米

◆ **酱釉瓷碗**

19 黄竹 TN03E03 ④：35

口径 12.1、足径 3.5、高 4.1 厘米

可复原。圆唇，侈口，斜直腹，圈足。素面。
灰胎，胎质较细。酱釉，通体施釉，足端露胎。

◆ 酱釉瓷执壶

19 黄竹 TN03E02 ④：171

足径 6.2、残高 4.5 厘米

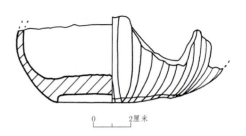

不可复原。失上部，瓜棱形腹部，隐圈足。素面。
灰胎，胎质较细。酱釉，内部及外底未施釉。

◆ 酱釉瓷瓶

19 黄竹 TN03E03 ⑤：46

口径 3.1、底径 3.8、最大腹径 5.6、高 7.1 厘米

可复原。圆唇，敞口，垂腹，平底内凹。素面。
灰胎，胎质较细。酱釉，内部及外底未施釉。

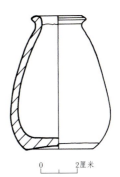

0　　　2厘米

◆ 酱釉瓷盖

19 黄竹 TN03E03 ⑥：52

口径 12.2、高 2.5 厘米

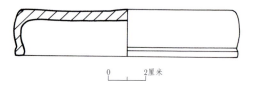

可复原。直口，平顶。素面，口沿处饰凸弦纹一圈。灰胎，胎质较细。酱釉，盖面施釉。

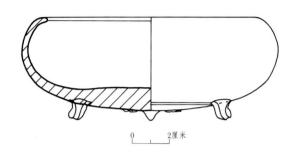

0   2厘米

◆ 酱釉瓷炉

19 黄竹 TN03E03 ⑥：54

口径 11.2、最大腹径 14、高 5.4 厘米

可复原。圆唇，敛口，鼓腹，平底，残留一足。
素面。灰胎，胎质较细。酱釉，通体施釉。底
部残留垫圈支烧痕迹。

◆ 火照

19 黄竹 TN03E02 ④ ： 30

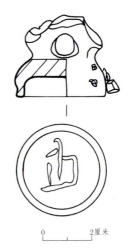

下径 3.7、高 3.3 厘米

可复原。铃形。瓷质。

0   2 厘米

◆ **垫圈**

19 黄竹 TN03E03 ⑤：4

上径 4.9、下径 4.5、高 3 厘米

可复原。圆形。瓷质。

◆ 支具

19 黄竹 TN03E03 ⑥：48

上径 11.7、下径 11.2、高 4.7 厘米

可复原。矮直筒形。陶质。顶部有一圆孔。

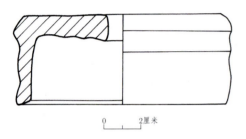

0　　2厘米

南宋早期

过渡
转变

黄 岩 沙 埠 窑 出 土 文 物 集 萃

◆ 青釉瓷碗

19 黄竹 Y1：3

口径 16.1、足径 5.9、高 7 厘米

可复原。圆唇，口呈花瓣形，斜曲腹，圈足。
外腹素面，内腹及内底各饰弦纹一圈，内腹粗
刻划菊花纹。灰胎，胎质较细。青釉偏黄，通
体施釉。外底心残留垫圈支烧痕迹。

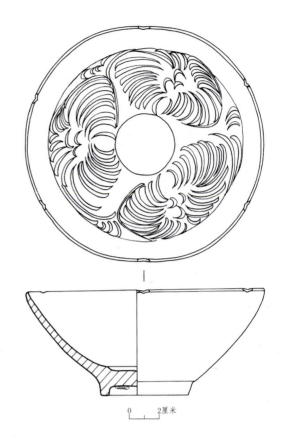

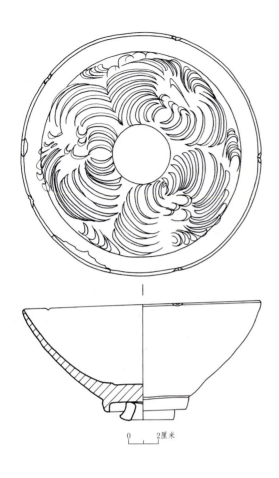

0   2厘米

◆ 青釉瓷碗

19 黄竹 Y1：4

口径 16.1、足径 5.2、带垫圈高 8 厘米

可复原。圆唇，敞口，口呈花瓣形，斜曲腹，圈足。外腹素面，内腹及内底各饰弦纹一圈，内腹粗刻划菊花纹。灰胎，胎质较细。青釉，通体施釉。外底心粘连垫圈。

青釉瓷碗

19 黄竹 Y1∶8

口径 15.8、足径 5.7、高 7.3 厘米

可复原。圆唇，敞口，口呈花瓣形，斜曲腹，
圈足。外腹素面，内腹及内底各饰弦纹一圈，
内腹粗刻划菊花纹。灰胎，胎质较细。青黄釉，
通体施釉。外底心残留垫圈支烧痕迹。

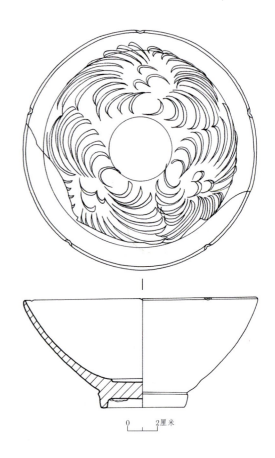

0　　2厘米

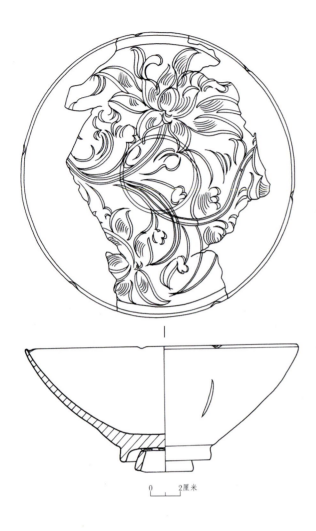

◆ 青釉瓷碗

19 黄竹 Y1：11

口径 18.8、足径 6.2、带垫圈高 8.3 厘米

可复原。圆唇，敞口，口呈花瓣形，斜曲腹，圈足。外腹对应花口处压短竖线，内腹近口沿处及内底各饰弦纹一圈，内腹及内底粗刻划莲花纹并填以篦划纹。灰胎，胎质较细。青釉，通体施釉。外底心粘连垫圈。

◆ 青釉瓷碗

19 黄竹 Y1 ： 12

口径 19.4、足径 6、高 7.6 厘米

可复原。圆唇，敞口，口呈花瓣形，斜曲腹，
圈足。外腹对应花口处压短竖线，内腹近口沿
处及内底各饰弦纹一圈，内腹及内底粗刻划莲
花纹并填以篦划纹。灰胎，胎质较细。青黄釉，
通体施釉。外底心残留垫圈支烧痕迹。

0　　2厘米

◆ 酱釉瓷瓶

19 黄竹 Y1 ① : 64

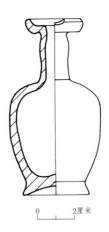

口径 2.9、底径 3.6、高 9.3 厘米

完整。盘口，长直颈，圆肩，鼓腹，平底内凹。素面。灰胎，胎质较细。酱釉，内壁口沿以下及外底露胎。

褐彩瓷执壶

19 黄竹 Y1 ① : 66

口径 8.4、残高 13 厘米

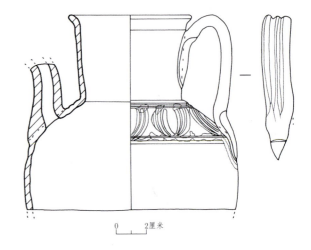

不可复原。圆唇，侈口，直颈，折肩，鼓腹，
圈足。长曲流残，曲柄。肩部近颈处饰弦纹两
周，装饰褐点；肩部饰莲瓣纹；折肩处饰凸棱
一周，并饰波浪状褐彩。灰胎，胎质较粗。青
釉，通体施釉，饰褐彩。

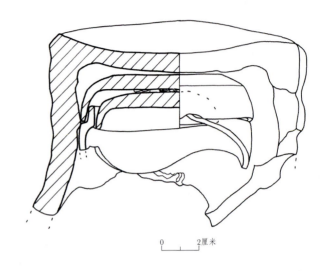

0   2厘米

◆ 装烧标本

19 黄竹 Y1 ① ：69

残高 10.7 厘米

匣钵与套烧盒装烧标本。

外层盒由盒盖与盒身两部分组成。盒盖方唇，
直口，中部出台，顶面较平。素面。灰胎，胎
质较细。酱釉，仅盖面施釉。盒身子母口，直
腹，失下部。素面。灰胎，胎质较细。酱釉，
仅外腹施釉。

内层盒盖较外层盒盖小，方唇，直口，中部出
台，顶面较平。素面。灰胎，胎质较细。酱釉，
仅盖面施釉。

匣钵为 M 形，陶质。

后 记

　　沙埠窑于1956年被发现，1963年被公布为浙江省省级文物保护单位，2018年被公布为第八批全国重点文物保护单位。为深入挖掘沙埠窑的文化内涵，并为考古遗址公园建设提供学术支撑，自2018年以来，浙江省文物考古研究所、台州市黄岩区博物馆、北京大学等单位联合对沙埠窑址群进行了主动性考古调查，并对窑址群中的竹家岭窑址、凤凰山窑址进行了主动性考古发掘，取得了重要收获。其中，竹家岭窑址考古发掘入选"2019年度浙江考古重要发现"和"新时代浙江考古重要发现"，黄岩沙埠北宋中晚期窑址入围"中国社会科学院考古学论坛·2020中国考古新发现"，黄岩沙埠窑址入选第三批省级考古遗址公园，相关工作被纳入"宋韵文化传世工程"。2022年12月10日～2023年2月7日，由中共浙江省委宣传部、浙江省文化和旅游厅指导，浙江省文物局主办，浙江省文物考古研究所、浙江省博物馆、台州市黄岩区人民政府承办的"过渡·转变——黄岩沙埠窑考古成果展"于浙江省博物馆隆重开幕，引起社会各界的广泛关注。

　　目前沙埠竹家岭窑址考古发掘工作仍在进行中，在发掘的同时，考古队有计划地对沙埠窑历年出土遗物进行了系统整理，本图录的编撰即为考古资料整理的成果之一，主要汇集了2019～2022年出土的各阶段文物精品。

　　本图录的出版得到了各级领导、专家和同事们的关心与支持，在此表示衷心的感谢。

编者

2023年6月